HOW TO MAKE MONEY SELLING STOCKS SHORT

如何通过卖空股票赚钱

获得财富很简单，只需好方法

[美] 威廉·欧奈尔（William O'Neil） 吉尔·摩拉里斯（Gil Morales）著

华尔街最富盛名的投资大师经典之作

中国青年出版社
CHINA YOUTH PRESS

图书在版编目（CIP）数据

如何通过卖空股票赚钱：获得财富很简单，只需好方法：华尔街最富盛名的投资大师经典之作/（美）威廉·欧奈尔，（美）吉尔·摩拉里斯著；田丽，魏蓝，窦云静译.—2版.
—北京：中国青年出版社，2020.9
书名原文：How to Make Money Selling Stocks Short
ISBN 978-7-5153-6140-6

Ⅰ.①如… Ⅱ.①威…②吉…③田…④魏…⑤窦…
Ⅲ.①股票投资—基本知识 Ⅳ.①F830.91
中国版本图书馆CIP数据核字（2020）第144502号

如何通过卖空股票赚钱：
获得财富很简单，只需好方法
（华尔街最富盛名的投资大师经典之作）

作　　者：〔美〕威廉·欧奈尔　吉尔·摩拉里斯
译　　者：田　丽　魏　蓝　窦云静
责任编辑：周　红
美术编辑：佟雪莹
出　　版：中国青年出版社
发　　行：北京中青文文化传媒有限公司
电　　话：010-65511270/65516873
公司网址：www.cyb.com.cn
购书网址：zqwts.tmall.com
印　　刷：河北华商印刷有限公司
版　　次：2006年8月第1版
　　　　　2020年9月第2版
印　　次：2020年9月第9次印刷
开　　本：787×1092　1/16
字　　数：235千字
印　　张：12.5
京权图字：01-2011-7519
书　　号：ISBN 978-7-5153-6140-6
定　　价：59.00元

HOW TO
MAKE MONEY SELLING STOCKS SHORT

目 录

/第二部分/

卖空交易完全解析   **039**

/第三部分/

经典的卖空交易实例   **049**

HOW TO
MAKE MONEY SELLING STOCKS SHORT

前　言

　　40年前，我29岁，在纽约一家规模庞大的证券交易所会员公司做股票经纪人。最初我对股票市场一无所知，到1962年4月1日才开始操作卖空。那年年底，我周围的每一个人都因为20世纪五六十年代的股票市场狂跌赔得很惨，我却净赚了一笔。一年后，我在纽约证券交易所买下会员席位，并开办了自己的专业投资公司——威廉·欧奈尔公司（William O'Neil + Co., Inc.）；20年后我创办了《投资者商业日报》（*Investor's Business Daily*）。在这期间，有时经营良好，有时出现失误，与个人投资者合作，雇佣投资组合经理，关注为其他机构服务的专业投资组合经理。通过这些，我认为：市场上缺乏知识性强、通俗易懂的投资心理读物来指导人们卖出股票，更不要说指导卖空交易了。

　　1973年~1974年的熊市过后，我们对某家机构投资者进行研究，发现机构投资公司更倾向于建议买股和持股。我们发现在那段形势艰难、历时持久的熊市期间，买股和持股的建议是卖股建议的4倍。2000年~2002年间的熊市是1929年以来形势最糟的一次，然而投资者发现华尔街的分析家有50种方式说"买进"，却对"卖出"保持缄默。20世纪90年代以来的大牛市在2000年3月到达顶峰，然而其后很久，大多数华尔街分析家仍建议买入之前一路上扬、当下持续走低的领导股。甚至当以前的这些领导股的价值与牛市的峰值相比下跌了90%或更多，或者快要破产时，仍旧发生这样的情况。事实证明，很少有投资者甚至专业人士，知道该怎样卖出，并在该卖的时候，果断地采取行动。这暗示了，对大多数投资者而言，卖空操作更加困难。

卖出股票（尤其是卖空交易），需要有充足的知识和独有的技巧，还要有巨大的勇气。因为你很可能会经常犯错。然而，如果人们不知道何时卖出、怎样卖出、为什么要卖出股票的话，就很难在股市中把握机会，并保护资产。如果一个投资者不知道怎样判别个股已升至峰值、需要卖出的话，那他怎样判定正在买入的股票其实已经发出了应该被卖出的信息暗示呢？只会买进而不会卖出犹如一支支会进攻、不会防守的球队。想要赢，必须要同时理解和做好这两个方面。

我从不订阅任何股市研究动态资料，也从不去聆听分析师或经济专家的讲座。你可以通过阅读杰洛德·勒伯（Gerald Loeb）的《投资存亡战》（*Battle for Investment Survival*）和李·费佛（Edwin Le Fevre）的《股票作手回忆录》（*Reminiscences of a Stock Operator*）以及我的畅销书《笑傲股市》（*How to Make Money in Stocks*），研究几个你知晓的成功的股市投资人或机构，绘制图表，分析你过去所做出的决定，以此来更深入地了解股市。

祝好

威廉·欧奈尔

HOW TO
MAKE MONEY SELLING STOCKS SHORT

第一部分

怎样在合适的时机卖空

如果你和大多数投资者一样，那么每个人都会告诉你，要买进好的股票，你要把研究投资的时间都用在寻找买进一只能够盈利的股票上面。如果整体股市持续利好，这样做可以。但有时候股市中熊市和牛市所占的时间相当。所有的事情都有两面，但股市却是个例外。股市中只有一面，这一面不是指牛市或熊市，而是指"正确"的一面。

很少有投资者真正知道怎样成功地买进股票，更不要说何时卖出股票了。事实上，没有多少人（包括大多数专业人士在内）知道怎样正确地进行卖空交易。

卖空交易

卖空交易是指卖出自己没有所有权的股票的交易。你通过股票经纪人"借入"股权证明（certificate of ownership），把你要卖空的股票的所有权转让给购买者。事实上和先买后卖的做法正好相反，卖空是先卖出，然后期待以低价买入，去除佣金后盈利。当然，如果你估计错误的话，必须要以高价买入这些股份，并承担损失。

在卖空之前，要确保你的股票经纪人能够借入你打算卖空的股票。当你卖空时，还要付给买家你所卖空股票的已宣告的股息。你的经纪人会处理好这些事情。股票除息（go exdividend）后，通常股价的下降额会和股息相当，因此这并不是一个很大的风险。此外，你做卖空交易必须要使用保证金账户，但不必为所借入的保证金付利息。因为事实上，你的经纪人将从你卖空的股票中获得收益，所以没有必要借钱给你。

卖空的机制相对简单。如果你认为ABC公司的普通股股票价格要走低，你要做的就是告知你的经纪人卖空100股ABC的股票。因为卖空交易只能在价格攀升时进行，你的交易可以在股市价格出现第一个涨点（plus-tick）或零涨点（zero-plus-tick）时进行。涨点是指交易发生的价格比前一次高[1]。零涨点是指交易发生的价格与前一次（前一次交易本身是涨点交易）的价格相同。表1.1用一只虚拟股票的交易时间与卖出情况来阐明这两个概念。

表1.1　决定股票的"点"

时间	成交量	价格
12:18:53P	2 000	54.45
12:19:05P	1 500	54.44　跌点
12:19:10P	400	54.46　涨点
12:19:16P	700	54.46　零涨点
12:19:22P	1 000	54.40　跌点
12:19:29P	200	54.42　涨点
12:19:32P	500	54.48　涨点
12:19:38P	200	54.48　零涨点

从上面虚拟股票的例子中，我们可以看出当天纽约股票交易市场下午12:19左右发生交易的时间和卖出报告。第一竖栏显示了交易进行的准确时间，精确到小时、分钟、秒。第二竖栏显示了以股份量来表示的成交量（size）。最后一竖栏标明了每次交易发生的实际价格。我们可以看出：下午12:18:53有2 000股以54.45美元成交，12秒后1 500股以54.44美元的价格成交。因为这个54.44美元的价格比前一笔54.45美元的交易价格要低，这就是一个"跌点"，所以这里不能发生卖空交易。然而，下一笔交易以54.46美元的价格成交了400股，比前一笔交易高2美分，构成了一个"涨点"，可以发生卖空交易。接下来的交易以54.46美元的价格成交700股，构成了一个"零涨点"（因为紧随上一笔交易，股票与前一个"涨点"的交易价格相等）。这个"零涨点"也可以进行卖空交易。

---

[1] 2005年1月，美国证券交易委员会正式实施新规则（SHO），对最具流动性的一些股票进行试点，试点期间，免除"涨点"规则限制。

下一笔交易以54.40美元成交，比先前交易的54.46美元低，因此这个"跌点"也不能发生卖空交易。接下来的三笔交易都是"涨点"和"零涨点"，都可以进行卖空交易。

在适当的时机卖空

决定卖空的时机是需要技巧的。头号定律（Cardinal Rule 1）是：当你认为会出现熊市而不是牛市时，进行卖空。这个原因相当简单。牛市中，大多数股票都会上涨；在熊市中，几乎所有的股票迟早都会下跌。关键是学会根据大盘平均指数（道琼斯工业指数、标准普尔500指数、纳斯达克综合指数等）的趋势来判定你所处的市场类型。如果你断定会出现熊市，那么卖空可能会带来盈利。但是，在牛市进行卖空交易，犹如逆流而上，不可能获利。

熊市大概每三年发生一次，而且那时股价的下降速度比之前牛市中股价的攀升速度快得多。如果时机正确的话，仅仅三个月赚得的利润就能超出牛市中一年的利润。我认为在熊市中只可以做两件事情：卖出大多数或所有的股票退出，套现或买入现金等价物如美国国库券、货币市场基金；或者进行卖空交易。

在股票价格一路攀升后进行清算的时候，很可能会出现股价从峰值降低10%~15%的情况。而这之后，你可能才意识到股市恶化并要转入熊市。卖空能够赢回这一部分，甚至还可以获利。如果操作正确的话，熊市中的两种操作方法（套现或卖空）都会使你减少股票投资损失，回笼现金，及时止损，为下一次的牛市准备好资金，迎接新的领导股。

有涨必有跌

价格平稳，看似抵制熊市的股票最终也会下跌。在大熊市中，它们最终都会下跌。因此试图重整股票组合、买进蓝筹股或看似抵制下跌趋势的股票的做法都是错误的。这些股票只是在拖延这种宿命，通常其价格最终也会下跌。采用这种策略只会让你比正常情况输得略少，但还是以赔钱而告终。

在熊市中一旦被套住了，很多投资者（不论是个人还是机构）都会采取顾及颜面的说法，称自己是长期投资者，自己的判断是正确的，仍能从持股中获得股息。这种做法不仅是无知的，也是愚蠢的、充满风险的，因为一天的股价回档修正（correction，指背离最近市场趋势的价格反转走势）会抵销所获得的股息。当熊市来临时，什么都不卖的人会随着数月股价的持续下跌而承受更多的压力。这种人很可能会因为最终无法克服恐惧和慌乱而在谷底抛售股票，损失惨重。

如何运用大盘平均指数

大盘平均指数（道琼斯工业指数、标准普尔500指数、纳斯达克综合指数等）非常重要，因为它们代表了美国经济中一些规模最大、机制最完善的公司。同时观察多个主要指数非常重要，不仅可以帮助你判断重要的股市峰值，而且还能帮你注意到一个指数明显落后于其他指数的差异，或一个指数无法证实其他指数显示的新高的现象。

最好根据大盘平均指数的走势和动向来判断开展卖空交易的时机。当出现准确的迹象显示股市疲软时，就要选择个股并确定卖空的时机。《投资者商业日报》（*Investor's Business Daily*）每天刊登几个大盘平均指数的日线图，包括道琼斯工业指数、标准普尔500指数、标准普尔600指数、纳斯达克综合指数和IBD New America Index。这些曲线图在一页内依次排开，不同市场指数和指标之间的差异一目了然。

大盘平均指数的顶部形态一般以两种方式出现。第一种方式是市场平均指数上涨，形成一个短期的价格新高，但成交量较低。这暗示了这个价格上股票需求量不大，反弹会遭到抛售的压制。第二种方式中市场平均指数仍旧是一种上涨的趋势，但突然会有一天、两天或三天，纽约证券交易市场或纳斯达克的日成交量高于前一天，而市场平均指数没有攀升（称为"炒单/频密交易"），收盘价甚至比前一天的收盘价还低。我们称之为"盘档期"（distribution days），如果在两到四个星期内出现了三到五个盘档期，那么就该套现，重新评估手中的股票了。

1984年的股市顶部是在股价持续走高过程中形成的处于盘档期的双顶形态。图1.1表明在股市上扬时，随着道琼斯指数下跌、成交量较前一天增长，几个盘档期出现在图中的A点处。在A点附近两天，股市的成交量很大，但无法促成逆转性的上升趋势。四天以后的B点，当天道琼斯指数到达新高，但却以低

价、大成交量收盘——一个典型的盘档期。接下来股市开始波动，在到达谷底、
开始反弹到C点前，又经历了五个盘档期。C点也以大成交量收盘，但仍旧没有
促成上涨的趋势。D点也发生炒单现象，此后股市开始下跌，五个盘档期后，
股价跌破200日移动均线，这预示着1984年熊市的开始。

图1.1 1984年道琼斯指数顶部日线图（Top Daily Chart）

1990年道琼斯指数的顶部与1984年相似。当股市持续创下新高时，出现盘
档期。图1.2的A点表明当天股市成交量很大，试图走高，但最终以较低价格
收盘，形成一天盘档期。从这点开始，股市平稳并重新冲向新高。B点的成交
量很大，但以当天较低的价格收盘，没有促成上升趋势——炒单的一天。随着
指数开始波动，C点和D点的成交量剧增。股市又持续了一个半星期，在E点又
形成两天的盘档期，给警觉的投资者留出时间撤出股市，其后F、G、H点的成
交量增大，股市开始大幅下跌。

如图1.3纳斯达克指数日线图所示，2000年股市顶部也是一个典型的双顶形
态。因为反弹创下了新高，所以这个图形看上去强有力。当到达高点的时候，
纳斯达克指数比1998年10月的谷底翻了一倍，突破了5 000点，投资者都为其疯

图1.2　1990年道琼斯指数顶部日线图（Top Daily Chart）

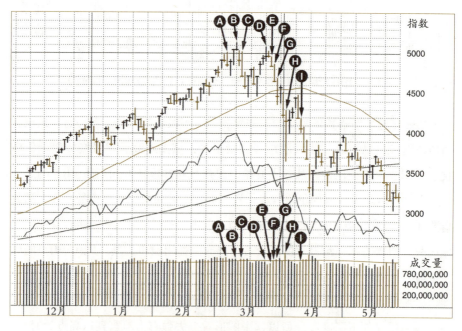

图1.3　2000年纳斯达克综合指数顶部日线图

狂并预测会创下更新的高度。在这个过程中，与互联网相关的股票都高速增长，一天内可以增长10、20，甚至40个点，注意图中股市向A点进发时，成交量在上涨。A点附近几天的成交量都在持续上涨，但当指数第一次冲到5 000点，指数逆转并在当天以略低价格、较高成交量收盘时开始动荡。接下来的三天，纳斯达克指数攀升到了新高，成交量超过平均成交量，但在第三天的B点受阻停滞不前。C点的成交量又再次上升，但指数暴跌并进入了一个盘档期。纳斯达克指数接着跌到大约4 500点的低谷，在此之后又反弹到高于5 000点的位置，但没有到达两星期前的高度。然而注意此时，即走势图上标注的D点的位置，指数冲破了5 000点，但与先前冲破5 000点的位置（A点）相比成交量较少——这是一个微妙的暗示：这个水平的需求量正在减少。D点后，指数下跌的第一天，成交量较少，但接下来的三天，即走势图上标注的E、F和G点，显示当指数暴跌时成交量上升。此时，纳斯达克指数已经在顶部延续了七天的盘档期，暂停了滑向50日移动均线的脚步，使投资者得到了一天的喘息，但不料第二天成交量更低。纳斯达克在H点急剧下跌，成交量很大，却以当天较高价收盘，很多技术分析专家称之为"下降底"（capitulation bottom）。然而这实际上是一个盘档期。注意H点之后，纳斯达克反弹的这三天，成交量较少，预示着当指数试图回升时需求减少。从I点开始，当成交量上涨时，纳斯达克指数下跌，进入了四天的盘档期，接着开始了历史上最糟糕的一次熊市。

一定要注意，在大盘指数到达峰值后，股市在开始逆转的前几天，不一定会看到成交量大幅上涨。这个意识很重要，因为很多专业人士有固定思维，认为成交量下降时不可能有真正的形势逆转，回档修正是正常的。更多股市顶部的例子可以参见我的《笑傲股市》。

细说反弹

随着顶部一次、两次、三次的盘档期，股市大盘在接下来的几天会暴跌。几天后，股市会试图反弹。这是另一个重新评估股市平均指数是否会创新低的机会。你应该审视市场是否会以更高成交量反弹；不应该重视短期探底后头三天的反弹，除非这三天的价格和成交量都有大幅的变动。85%的情况中，真正的市均指数的攀升都伴随着价格和成交量的大幅变化，我们称之为"跟进"

（follow-through）。这种情况通常发生在试图反弹的第四天到第十天内，成交量比前一天增长，而且至少一个重要指数上涨1.7%或更多。极少的情况下，跟进日成交量很大，但整个股市仍在下跌。这种情况发生的话，时间很快，能够在几天之内看出。在转成牛市之前要等待、观望"跟进"的主要原因是避免被一到两天没有跟进的反弹愚弄。如果股市的成交量下降但价格涨幅较小，或者在一天的急剧反弹之后股市突然大幅下跌，就大盘平均指数来说，你可能处于另一个卖空点。图1.3很好地证明了为什么反弹的前三天具有误导性。注意在图中H点后，股票从低谷反弹了三天，但无法跟进，最终反弹失败。

　　一旦股市跟进成上升态势，一定要监测指数，判断跟进是否会失败。失败的跟进通常会提供第二次的卖空机会。图2.1中，纳斯达克指数在试图反弹的第七天，即A点，出现了一个跟进日，暗示了股市将转为上升趋势。这次的试图反弹，指数比低点上涨了12%，当到达你的止损点时，很可能会迫使你补仓。然而，这种反弹趋势在B点随成交量下降而开始减弱，股市没能进一步攀升。随着指数接近并跌破短期的低点，途中表示的几处C点开始出现盘档期。几天后，股市陷入底部，并在D点转入一个看似很强的跟进日。但紧接着第二天，

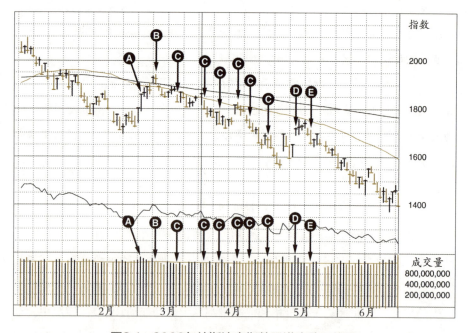

图2.1　2002年纳斯达克指数跟进失败日线图

股市受阻停滞，然后在E点随着成交量增加，开始波动。接下来的两周形成了四个盘档期，纳斯达克指数跌进新的低谷。值得注意的是你只需要观察跟进日之后的一到两个盘档期，就可以确定试图反弹的失败。

图2.2中，标准普尔500指数在A点（第四天）附近展现出很强的跟进。但四天之后，成交量较前一天增加，指数下跌，B点成为第一个盘档期，而后又出现了三个盘档期。整个过程持续了一周半的时间，把反弹压制在了初期。这个图中有几个失败的跟进，作为练习，我让读者来识别。

图2.2 1982年标准普尔500指数跟进失败日线图

理解跟进失败的意义在于：表现不佳、适合卖空的股票反弹到高档卖压区时经常会出现这种情况，此时提供了最佳的卖空机会。基本面良好的股票没有从平稳底部有力突破的情况下出现的跟进，一定要警惕。通常，缺乏这样的突破，会导致反弹无力，跟进是可疑的。稳固的跟进通常伴随着许多基本面良好的股票强有力的突破；反之，就要小心跟进可能会失败。

股市周期

通常股市基本面的恶化或特殊事件的出现会导致熊市和股市恐慌。举例来说，1962年的股市下跌出现在美国证券交易委员会（SEC）宣布即将对股票市场开展一个特殊调研之后。那时的经济和货币统计数据都不是负面的，但因为不确切调查的结果，很多专业投资者都卖出股票，抽身股市。在股市到达绝对峰值后，肯尼迪总统又火上浇油地采取了一系列不利于钢铁公司的措施。而最近的一次发生在1998年，几个诺贝尔奖得主管理的对冲基金——长期资本管理公司（Long Term Capital Management）——陷入瘫痪，制造了股市恐慌，使股市失控了三个月之久。

在正常的股市周期中，联邦储备局第三次或第四次调高贴现率后，银根紧缩，阻止了经济泡沫进一步扩张，尤其是房地产行业。

出现顶部的股市所表现的特征为：许多股票从底部突破，但最终几周后以失败告终。仔细研究这些股票的走势图，可以发现大多数是残缺、异常的形态。然而很少有投资者（包括专家在内）能分得清正常的底部形态与异常的底部形态之间的差别。大多数残缺形态可以分为以下几种：（1）第三、第四个"后期"底部——在整体上升的趋势中底部形成的第三次或第四次，这样使每个人都可以看到这个底部；（2）底部是"V"型的杯状形态——股票直线下跌，直接反弹，没有给筑底留够时间；（3）因松散的每周价格而形成的宽口、松散的价格形态，尤其是与同一只股票前两、三次底相比；（4）楔形——尖顶朝上而不是向下，因为连续每周的低点都比前一周要高；（5）带柄的杯状形态——杯柄的形成靠近整体杯底略低的部位。下面举例来说明筑底失败的图形。

筑底失败的例子

卡尔派恩（Calpine）电力公司2001年的周线图（图3.1）为我们提供了一个经典的后期筑底失败的实例。卡尔派恩从每股2.60美元攀升至每股接近60美元的过程中，形成了几个非常完美的底部结构。每次筑成这些底部后，股价都能有新的突破。观察走势图，股价上升趋势中的前五个底部都非常稳固，第五个底部更是一个完美的带柄杯状形态，底部圆滑，杯柄稍稍下倾。而第六个底部则属于"后期"底部，比前五个底部都宽阔、松散。股价在第六个底部的杯底来回上下波动，试图再次突破，但最终失败，没能形成一个平滑的杯底形态。带柄杯状底部形态对大多数投资人来说是再熟悉不过的了。但是，众所周知，股市中显而易见的事恰恰并不像它所表现的那样。有趣的是，就当卡尔派恩股价接近历史最高点时，2001年不光彩的加州能源危机（California Energy Crisis）导致了轮流限电全面展开，更加重了投资者对卡尔派恩这种能源类股票的牛市情绪。所有这一切，再加上一个残缺的后期底部使卡尔派恩太引人注目了。后来股价的发展就像我们看到的那样，股市中显而易见的事，很少能奏效。

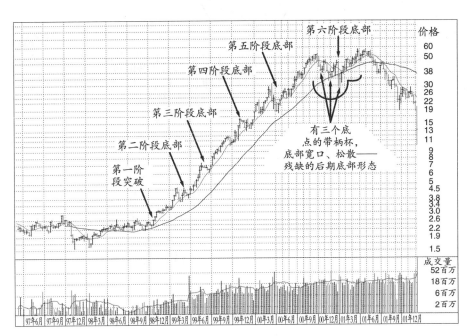

图3.1 卡尔派恩电力公司（Calpine Corp.）2001年周线图

美国数字技术公司（Numerical Technologies）2002年的周线图（图3.2）是一个宽口、松散的残缺底部形态的经典实例。注意股价是如何形成了几个带残缺柄的V型杯状形态，股价在最后一个V型杯的杯柄处A点试图突破，但最终失败。

美国应用微电路公司（Applied Micro Circuits）（图3.3）在1998年~1999年的牛市中，股价一直稳定上升。但是，股价一到达图中A点区域，就开始暴露出了潜在问题，大幅震荡，而后又试图从底部立即突破。注意该区域中股价的每

图3.2 美国数字技术公司（Numerical Technologies，Inc.）2002年周线图

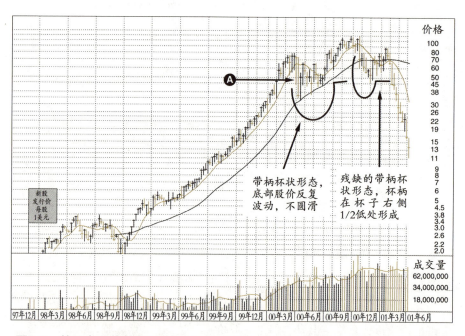

图3.3 美国应用微电路公司（Applied Micro Circuits Corp.）2001年周线图

周浮动量与之前每周浮动量之间的差异。最终，股价没能从这种形态中突破，开始第二次筑底。第二个底部依然是残缺的，从左杯口到杯底，股价下跌了将近50%，而杯柄在杯子右侧1/2低处形成。股价试图从这个残缺底部突破，但最终还是失败了。在随后的十一周里，股价一泻千里，失去85%的市值。

在A点构造一个终极顶点后，嘉信理财公司（Charles Schwab）（图3.4）构筑了两个底部形态，试图稳定、调整，开始冲击新高。但是，这两个底部都是残缺的。第一个大的带柄杯的杯柄是在杯子右侧1/2低处即B点筑成的。股价从这里试图突破，并连续四周上涨，但没有成功，又形成了第二个带柄杯状形态，第二个杯柄仍然是在杯子右侧1/2低处即C点筑成。股价试图从此形态突破，但是当股价从杯形右侧上升时，成交量上涨幅度极小，说明此次上涨乏力，市场缺乏对股票的需求。几星期后，股价逆转，一路下降到1998年10月的突破点。

图3.4 嘉信理财公司（Charles Schwab Corp.）2001年周线图

关注个股也要看大盘

牛市不会在一周或一个月内就达到最高点。到达顶部是需要数月才能完成的一个过程。很有可能你会过早地介入卖空交易。这样的话，你就不得不补空来降低损失。但千万不要放弃，也不要失去理智，因为市场会在两三个月的时间里形成几个弱势点，你应该再次建立卖空位置。同其他事物一样，成功的卖空交易需要方法与耐性。

熊市时，公司有时会增加股息、发布利好消息、宣布股票拆分或者显示收益良好。不要被看似有利的消息误导。睿智的专业人士可能会利用这些看似有利的信息来抛出更多的股票。公司通常会在市场情况不妙时增加股息，想以此来推动股票的价格走势。其实这种做法是错误的，因为专业人士会利用这个机会卖出股票。关键是应该跟随股票价格和成交量走势。通常，有利的消息或公告引起的反弹会使合适的卖空点重新出现，从而让你大挣一笔。

哪些股票适合卖空

适合卖空的股票首先应该是牛市的领导股，也就是，股价上涨很厉害的股票。它们通常已经得到了大量的机构投资，譬如共同基金、银行和养老基金。我们的研究表明：与股票猛涨、业绩表现良好时相比，股票到达峰值后的一到两年内，更多机构持有了更多的前领导股。当股票走低时，这就创造了大量潜在的卖出供给——每个人都持股，所有潜在的卖家都拥有大量的股票。

如果一只股票刚刚拆分的话，也很有利，而且拆分越大越好。如果这是过去几年中第二次拆分就更好了。股票二次拆分通常发生在整体走势中较后期的阶段，对人们来说这是一个很明显的有益的局势。股票拆分有利于卖空是因为如果一个机构有500 000股股票，每股分为三股的话，就是1 500 000股，这就为卖出提供了更多的供给。如果大量机构持有的话，这种影响会成倍增长。正如股票市场的其他事物一样，这只是一个简单的供需问题，大量潜在的供给形成了卖压。通常一年内股票拆分两到三次后，股价会到达峰值。

一旦进入熊市，大机构投资者的持有对于股票也是一种负担。通常，你会看好牛市中大机构投资者持有的股票。然而，在熊市中，如果这些机构投资者打算退出的话，被机构"大量"或"超量"持有的股票就会遭殃。这种被"超量"持有的股票通常是早已到达峰值的领导股。譬如：1999年12月到达峰值的美国在线时代华纳（AOL）被815只共同基金持有，共36 200万股。两年以后，当这只股票从90多美元跌至10美元以下时，1000多只共同基金拥有总共88 600万股。

这说明大多数共同基金的管理者都迟了一步，在股价到达峰值之后愚蠢地买进了数以百万的领导股，从而当股票下跌时制造了过剩的供给。这种事后购买的行为会导致供给过剩，最终会导致股票走势持续恶化多年，甚至最终崩盘。

选择卖空股票和确定卖空时机的一个技巧是：观察几组属于不同行业的股票。即使大盘到达峰值，所有行业的股票也不可能都同时到达峰值。因此，对某组股票而言适合卖空的时机，对其他组股票来说可能早了两到三个月。一定要有耐心。每一组的时机都会到来，当适合操作的时候，股市会给出暗示。如果机构投资者持有的一种或两种股票价格大幅下跌，并且没有反弹，或者极不正常地走低，那你最好关注同组的其他领导股，因为它们可能会发生同样的情况。

应遵循的常识

常识可以帮你在逐渐形成的熊市中挑选出适合卖空的股票类型。其中包括陷入恶性循环的行业如铁路、旅店、资本设备、基础材料等，即使这些股票在过去一两年内价格大幅上涨。现在已经停盘的瑟登帝公司（Certain-Teed）的股票在1962年股市下跌时就是一个很好的卖空对象。还有与房产相关的MGIC（Mortgage Guaranty Insurance Corporation）公司和Kaufman&Broad（现在叫KB Home）公司的股票在1973年~1974年的熊市中也同样如此。

常识还表明，有可能大幅下降的股票恰恰就是之前牛市中的领导股。正如其他事情一样，股票市场可能会失控或过火。在2000年股市到达顶峰后转入的熊市中，很多曾经疯狂上涨、在教科书中以"终极"顶部而闻名的科技股票，比它们在牛市中峰顶的价格下跌了90%甚至更多，提供了绝好的获得高收益的卖空机会。

终极顶部的例子

在图4.1~图4.6中，我们可以看到1998年~2000年牛市中的三只领导股，人类基因科学公司（HGSI）、高通（QCOM）公司和美国在线（AOL）。这三只股票都在典型的终极顶部结束了股价上扬。有时，一只股票的涨势喜人，在周线图上有两到三周的快速价格上扬（在日线图上是八到十天）。从日线图上看，通常最后一次价格上扬总是伴随着几次价格大幅跨越。这一周的从低到高的股价差额会比之前股价上扬过程中任何一周都大。在一些情况下，在接近终极顶点时，一只股票会重复前一周的大幅股价变化，从前一周的底价开始上扬，最后收盘价比前一周稍高，且成交量一直很高。我管这种情况叫做"铁轨形线"，因为在周线图上你可以看到两条平行的垂直线。图4.1在HGSI股价挺进到峰顶时可以看到这样的图形。这意味着持续的大成交量盘档，没有任何实际的价格上扬。

通常，一只领导股达到峰顶往往是由于一些重要的利好消息，或者是因为过多的华尔街分析师提高了对股价的预期。1999年3月，当嘉信理财（Charles Schwab）公司的股价刚刚越过160美元，到达一个典型的峰顶时，一家大经纪公司的分析师预计股价还会达到200美元。分析师的意见再一次与股市的实际情况相差甚远，股价已经达到了最高，之后再也没突破160美元，更不用说200美元了。

认真分析这些例子可以让你辨认出领导股何时到达了峰顶。明白一只领导股何时达到峰值是发现卖空机会的第一步。一旦一只领导股的股价已经到达峰值，你应该在之后的几个月当中密切关注它的价格和成交量，找到合适的卖空机会。

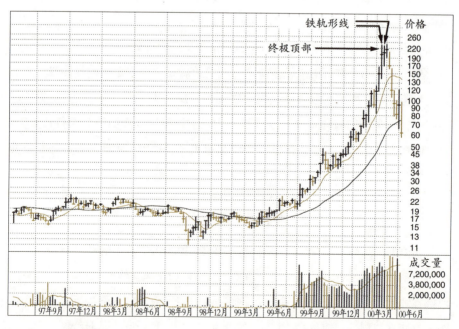

图4.1　人类基因科学公司（Human Genome Sciences，Inc.）2000年周线图

图4.2 人类基因科学公司（Human Genome Sciences, Inc.）2000年日线图

图4.3 高通公司（Qualcomm, Inc.）2000年周线图

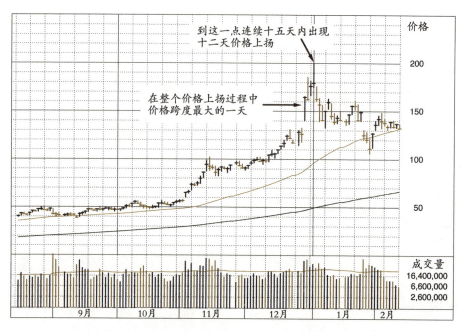

图4.4　高通公司（Qualcomm, Inc.）2000年日线图

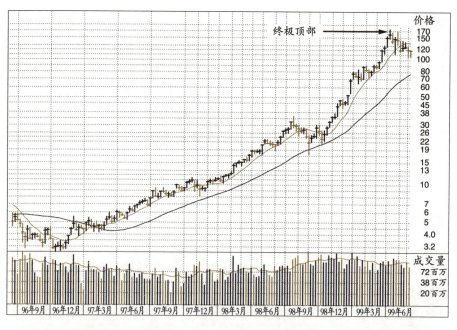

图4.5　美国在线时代华纳公司（AOL Time Warner, Inc.）1999年周线图

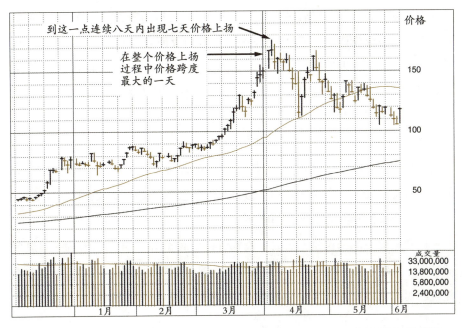

图4.6 美国在线时代华纳公司（AOL Time Warner，Inc.）1999年日线图

哪些股票不宜卖空

试图卖空资本稀疏（公开发行股份很少或流通股份很少）或成交量极小的股票是十分危险的。如果大盘突然上扬，只要出现极少量的购买行为，这类股票的价格就会迅速上扬，令你在瞬间损失惨重。由于此类股票交易量较小，因此也很难准确判断出它的走势。最好是卖空发行量大、每天有一百万到一千万成交量并由机构投资者持有的股票。

千万不要因为股票的价格或市盈率（股价/每股利润）看起来"太高"就卖空。最好建立一个系统或者原则，以此来指导你的操作。按照你制定的系统，而不是个人观点或情感来做选择。同样地，在股价步入新高时卖空无异于自杀。2003年5月，我认识的一个资金经理参加一家大型经济新闻电台活动，胸有成竹地宣布他要在捷特布鲁航空公司（Jet Blue Airways）的股价以30美元为中心浮动时卖空这只股票，因为他觉得这只股票真正的价值不到20美元。十七周后，该股票以每股70多美元的价格成交！这个鲜活的例子说明股价攀升的本领有时候是多么不可思议！你的教训就是不要与大势违逆，而是要研究它，分析大盘从什么时候开始疲软，然后见机行事。此外，不要因为听到一些负面的传闻就准备卖空。情况往往是"坏消息"公布后，股价反而会上扬。

同样，也不要因为股票的超买/超卖指标（overbought-oversold indicator）显示某只股票"超买"了就卖空。单纯用这样一个指标来选择卖空时机是很危险的。往往是一只被认为"超买"了的股票仍旧会持续几天或几周"超买"，股价持续上扬，如果你卖空这样的股票，就会被轧空，损失惨重。2003年3月，我们的几个机构投资客户使用了一个新设计的超买/超卖指标，这个指标显示几只股票"超买"。其中易趣公司的股票按这个指标也是"超买"，股价已达80美元。然而几星期后，股价又涨到了110美元。

通常还会犯的错误是，有时，投资者在彻底卖出（sell）持有的一只股票后又考虑卖空（sell short）同一只股票。这是不明智的。成功的卖出股票并不能说明卖空也能成功。同样的道理，在你回补一只卖空的股票后，转而改变投资立场买入该股也不一定是明智之举。

最后，过多、过快地卖空也是不明智的。最好花时间获得一点收益之后再考虑卖空大量股票。要有耐心，让市场告诉你走的路是不是正确。当判断大盘走势后过早确定了卖空时机的时候，这种谨慎小心会让你避免蒙受重大损失。

选择卖空时机

一旦认定大盘是下跌趋势，并且已经选好了几只个股，接下来就应该监测股票，选择合适的时机开始卖空。

确定卖空的恰当时机，应该分析上一年一天或一周内个股的价格与成交量。重点不是在顶部而是在合适的时机卖空。当价格第一次出现异常或严重的下跌之后，都会有两到三次的反弹。这是卖空的最好时机，应该与你对大盘平均指数走势的判断相一致。

通常，到达顶部后，个股会大幅跌破50日移动均线。此时，股票会试图反弹两到四次到达50日移动均线以上。此时应该密切监测股票放量跌破50日移动均线。第二次的下跌确定了由第一次下跌所引起的熊市走势，你应该开始找准卖空的位置，尽可能离50日移动均线的跌破点最近。

成功选择卖空时机的一个很重要也很关键的概念就是：在大多数的情况下，

最佳的卖空点会**在股票到达终极顶部后的五到七个月内出现**。我们不会在股票的最低点买入，而是给出一定的时间让其形成上升趋势和完整的底部，才决定合适的买入点；同样，我们不会在最高点进行卖空交易。

这样做的主要原因是在终极顶点之后，看涨前领导股的情绪还会持续一段时间。一旦其价格跌了一些，之前一直观望其飙升但没有买入的个人和专业投资者会认为这是一个"拣便宜"的机会。这种"逢低买进"会引起几股购买风潮，造成几次反弹，通常会越过一条主移动平均线（经常是50日移动均线）。这些反弹引来了出手过早的卖空投资者和逢低买进的买家。

等到所有这些过早卖空投资人和后入市投资人操作完之后，股票才最终会大幅下跌。判断这个时间的一个有效方法是观察50日移动均线。当50日移动平均线越过并低于200日移动均线时，通常一个星期到两个月之内股价会发生暴跌，50日移动平均线的这个"跨点"能帮助你缩小卖空的时间范围。如果在50日移动均线低于200日移动均线之后，密切监测股票，就应该能看出股票要大幅下跌的第一个迹象。

跌破50日移动均线的例子

这里列出了朗讯科技和西科（C-cor）公司的两个实例，展示了跌破50日移动均线的情况。这种价跌的情况在日线图或周线图上都能看到，聪明的卖空投资者应该监控这两种线图，以便在个股最终将迅速走低时做出买入决定。

朗讯科技公司的日线图（图5.1）清晰地表明了一个绝好的卖空机会，也就是在股价大跌并跌破200日和50日移动均线，同时成交量很大的时候。值得注意的是，这个机会出现在最初从最高价位放量下挫后的第五次反弹之后。这一次反弹价格回升持续了四天，而第四天的成交量是最高的。请注意这四天价格反弹中的最后一天看上去是多么具有吸引力啊，但是这只个股实际上表现出的是上扬失速趋势，收盘时的价位是全天价格范围的中值。

西科（C-cor）公司的周线图（图5.2）显示出了一个大的头肩顶，合适的卖空点出现在右肩处，此时成交量迅速增大，股价转低跌破50日移动均线。请仔细看，这只个股在一年多的时间内，股价最后一次反弹超过50日移动均线时，周交易量达到最低。这表明最后一次价格反弹出现在股票需求量下降的时候。

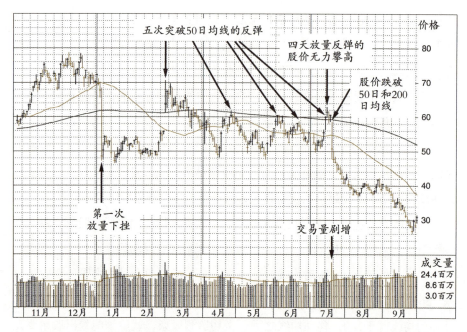

图5.1 朗讯科技公司（Lucent Technologies，Inc.）2000年日线图

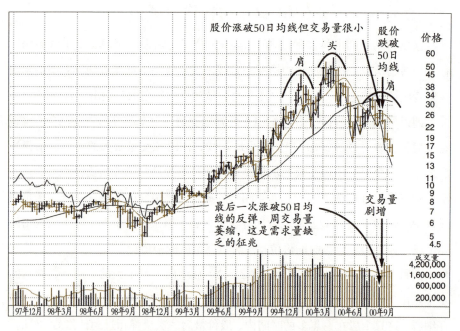

图5.2 西科公司（C-cor，Inc.）2000年周线图

这就暗示我们，这只个股已经是苟延残喘了。

高档卖压

下面例子中的价格现象常常是由于"高档卖压"的出现。如果要分析潜在的卖空机会，高档卖压的法则就十分重要。通过研究报表，你应该可以确定高档卖压的大致范围，在此范围内，股票持有者可能要开始抛出股票。高档卖压的定义是指线图上一段时间的股票交易价格高于当前股票交易价格的价格范围。当一只个股价格反弹接近这一区域时，在高档卖压区域购买了这只股票的投资者因为股价一度下跌，会卖出股票以试图解套。

高档卖压实例

美国在线时代华纳公司的周线图（图6.1）表明在A点难以通过高档卖压区域，最终转势达到股价新低。

Qlogic公司（图6.2）试图在一次股价大幅跌落后再次反弹，但是在A点碰

图6.1 美国在线时代华纳公司（AOL Time Warner, Inc.）2002年周线图

到了高档卖压，导致该股股价又创新低。第二次的价格回升在B点遭遇到了同样的命运。

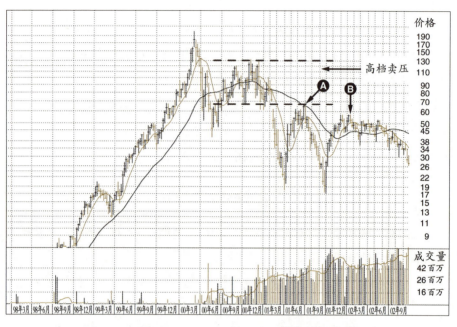

图6.2 Q逻辑公司（Qlogic Corp.）2002年周线图

头肩顶实例

线图上典型的卖空价格结构被称为"头肩顶"。许多投资者很可能听说过头肩模式，这个模式像一个由中间的"头"和两边低处的"肩膀"构成的轮廓。课本上给出的头肩模式应该是右"肩膀"比左"肩膀"低。整体的交易量应该呈现从左到右增长的趋势，但是也不尽然。参照图7.1和图7.2，我们可以看到在头肩模式的低处划了一条趋势线，这条线在右肩膀处形成了一条"颈线"。通常情况下在颈线处尝试卖空是显而易见的，这就是我们为什么用50日移动均线来决定合适的卖空时机。

如果你是个细心的"线图观察员"，经验会告诉你在股价初次大幅崩滑后，一定会出现一段时间大量的股票交易而使股价上升，造成一种股市升势强劲的压倒性印象。这有时会出现在头肩模式的右肩膀处，接近第二次或第三次价格反弹的末尾。这会造成没有把握好正确卖空时间的投资人急于卖空的后果。在

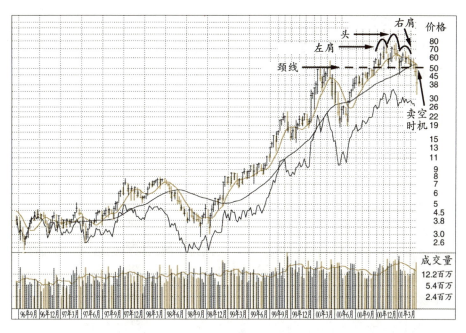

图7.1　IDEC制药公司（IDEC Pharmaceuticals，Inc.）2001年周线图

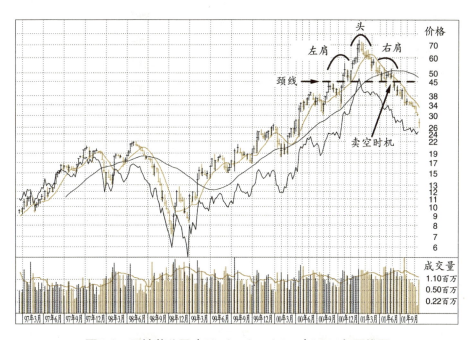

图7.2　天柏蓝公司（Timberland Co.）2001年周线图

此逆境中购买的行为被投资高手称为"不良购进"。

让我们研究曾一度坚挺而后突然跌入低谷的领导股吧。在过去的股市中，有许多相似的例子可以供你作为经典范例。历史还会重演——股市已经浮浮沉沉了几百年。在卖空中把握正确的时机比其他任何因素都重要，所以你应该把80%的精力投入到学会从什么时候开始上。

如何限价卖空

当你在日益疲软的市场中下单卖空时，你最好设定一个大约低于股市最后价格半点左右的价格下限。比如，如果一只个股最后的交易价格为50美元，你就可以设定一个49.5美元的下限。这种下限设定的意思是你愿意在股价降至49.5美元之前的任何时候卖空，但是不能再低了。这种价格下限可以使你避免在上升行情出现以前股票成交量大幅下降时下单，使你少损失一到两点的利润。但如果大盘是价格反弹的趋势，通常情况下，你最好按"市场价"下单卖空，而不是设定限价。这样做的目的是让你果断选择卖空，而不是犹犹豫豫，让稍稍上涨的10美分或20美分的股价误导你，令你完全失去大盘，永远不能下单卖空。

在每次交易之后要学会分析。拿一支红笔，精确地绘制出一组单个股票的线图，标出你在过去的两年中买入和抛出的每只股票的时间和价格。你会从对自身的决策和失误的客观分析中学到更多关于正确选股、把握时机的知识，这比什么都有用。要学得聪明点。知道怎么做是对的，怎么做是错的。这种事后分析会让你成为聪明的股票买卖高手，甚至是卖空高人。

回补卖空部位时机

在你卖空任何一只股票之前，都要在一开始就确定平仓价格，从而降低反弹带来的损失。在许多情况下，减损价格限定应该比一般交易通常使用的8%的损失限制低一点。这样做会使你在准确选择卖空时机时谨慎再谨慎。如果你的卖空时机选择错误，股价可能会很快上扬15%到20%，这时即使股价最终还会下降许多，专业炒股者也会试图回补卖空部位。如果大盘重回上升趋势，而且声势猛烈，几支投资者持有的股票有很大成交量，而你在卖空过程中没有任何真正意义上的获利，在多数情况下，你应该快速买入平仓，而不是等待股价达到你预定的回补价。尤其是在下滑一段时间之后，市场给出了走势改变的信号，出现了跟进日，如果不果断决定回补就会损失惨重。在你错误判断大盘走向，也就是说在出现价格上扬的重大转折时，为保险起见，你必须快速行动，买入平仓。在股市当中，如果不当机立断，就等于坐以待毙。

如果大盘呈稳步下滑趋势，总有一天坏消息会给股票市场重创，或者在股价走低时几只股票延期开盘。几只股票会出现悬殊价格差额（比如开盘价比前一天收盘价低许多），或者干脆整个股市全天一路下滑。突降的开盘价往往伴随着例如卖权/买权比率或芝加哥期权交易所波幅指数（VIX）等指标的读数大量增加。卖权/买权比率超过1.0通常意味着股市中出现投资者对于长期或短期底价的过度恐惧，而VIX指数超过40甚至高达60~70时，也有同样的意义。这便是在市场疲软或者出现恐慌时回补卖空的绝好时机。在你回补卖空时，最好在市场上按市价买入。如果是大规模卖空，因为规模很大，那么在市场疲软时回补变得更为关键。

有些投资人建议如果要卖空，应该遵循一个原则："迅速退出以减少损失，把表现最好的股票留在最后。"然而，在卖空时我发现要更快退出以减少损失，在利润达到预期的百分比时，见好就收。这样做的原因是熊市很快会改变走势，出现短暂的、急剧的价格回升，这会使你被套牢，让你卖空时赢得的利润付之东流。回补获利的目标价格百分比应该至少是减损百分比的两倍。这会使你在正确判断一次后失误两次时仍不至于陷入资金困境。

还有人建议说，如果卖空后开始有利可图，应该利用限损指令（也就是在达到专家和做市商给出的一定价格时在市场上自动买入回补），在股价下滑时逐渐把限损价格随之调低。这就是我们所说的"追踪止损"。我认为这不是最明智的做法，因为它会使你在价格正常浮动或有小幅反弹时就回补脱身（买入卖空的股票，改变卖空立场）。更好的方法是在失误或者达到在卖空前就设定的最大损失百分比时减少所有的损失，或者当股价滑落到你预先设定的赢利百分比时回补，获取利润。如果你在某次卖空行为中获利20%到30%，最好就是回补所有或者大部分卖空部位，而不要冒险把本已到手的可观收益拱手交回。

不要随波逐流

当出现对你周围所有人来说都很明显的卖空机会，而且大家都开始卖空时，你应该停止，回补卖空部位，因为这个时候已经太晚了，他们很可能选择了错误的时机。你最好相信自己对时机的研究和对选择合适的卖空价格模式的分析，买入平仓，抽身而出。在股市中随波逐流很少能成功。

卖权与买权

如果你坚信一只股票价格呈下滑趋势，不想在市场上卖出普通股，或者发现很难在股市上卖空，你可以用卖出期权来达到同样的目的。起码要研究这只个股的投资收益和价格线图历史记录，否则不要卖出和买入。如果已经用了卖出期权，你一定要设定投资总额中用于期权交易的比例。一个谨慎的投资者决不会把所有资金或者大部分资金投入期权交易。

空单余额报道（Short Interest Reporting）

纽约证券交易市场和纳斯达克市场每个月都在许多出版物如《投资者商业日报》和《日线图》（Daily Graphs）上报道个股的空单余额。如果某一只股票的空单余额很大，而且近期有大幅增长，那么这只股票并不是你卖空的首选股票。一些大的交易商会观察股市上不断增长的空单余额，他们会试图在大盘转势上扬的时刻大量购进，套牢大量卖空者。空单余额通常在股市上被称为"空单可交易天数"（Number of Days Volume Short）。例如，ABC公司的股票每天的平均成交量为10万股，而当前空单的总量是50万股，那么在理论上，卖空投资人按日均交易额还有5天的时间回补。因此，本例中ABC公司的空单余额就是"5.0天"。

1929年和2000年初的股市达到顶峰时，空单余额是极小的。纽约证交所经济学家爱德华·米克（Edward Meeker）在20世纪30年代大萧条时期研究了1929年股市顶峰的空单余额，发现空单余额小得微不足道的股票在1929年股市崩溃时的价格下挫比那些空单余额大的股票价格下挫要厉害得多。在股市走低时，大量的空单余额会起到缓冲作用，尽管并不能从本质上避免走低的趋势。

风险永远存在

最后，要一直牢记所有的普通股都是投机性的，隐藏着大量风险。为了避免可能发生更大、更严重的损失，你必须接受遭受小损失的现实，把它当成为了避免灾难性厄运而交的保险费。著名的投资家伯纳德·巴鲁克（Bernard Baruch）说，"如果一个投机者一半的时间都判断正确，那么他就能获得相当多的利润。在十次判断中只有三四次判断正确，但如果能在失误时快速脱身减少损失，他也能赚上一大笔。"

卖空交易清单

让我们回顾一下胸怀大志的卖空投资者在决定第一次卖空前应该浏览的法则，列出一张清单来。

1. 应在大盘处于熊市，而且最好是在走低趋势的较早阶段卖空。在牛市卖空成功的几率不会高。而在熊市的晚期卖空，如果大盘突然转势上扬，开始新一轮的牛市，那将是十分危险的。

2. 想要卖空的投资者认定的候选卖空股票必须有流动性。如果突然出现大批股票买家，会造成轧空头现象，选中的股票日交易量要足够大，才不容易受到价格迅速上扬的制约。一般的规律是平均每天有一百万股或更多的股票成交。

3. 在先前的牛市领导股中寻找卖空对象。在熊市中有最好卖空机会的股票往往都是牛市的领头军，在牛市中股价疯长的个股。

4. 关注头肩顶形态和后期宽口、松散、残缺失败的筑底。这些就是线图上显示的最好的卖空机会。

5. 注意在前市场领导股的股价达到绝对最高值后的五到七个月内卖空。通常，最佳卖空时机出现在50日移动均线低过200日移动平均线，也就是形成所谓"死亡交叉"（black cross）的时候，这样的情况可能需要几个月的时间才能形成。一旦一只前股市领导股到达顶部，密切关注它，当出现最佳卖空时机时采取行动。

6. 设定20%到30%的利润目标，那么你就能常常获得收益了！

智者参鉴

　　如果股票处于熊市长达一年半、两年甚至更长的时间，许多先前的牛市领导股从牛市的股价最高峰已经完成了70%~90%的回档，在这时加入卖空者的行列为时已晚。在熊市的后期卖空会很危险，甚至根本就是灾难。不管什么时候决定卖空都要万分小心，尤其是过晚判断熊市已经开始，并且大盘趋势明显的时候，你不能只是随波逐流。换句话说，如果股市表现欠佳，一度处于低迷状态，而此时你决定要靠卖空赚钱，于是刚刚买了这本书，那么，一定要三思而后行！

HOW TO
MAKE MONEY SELLING STOCKS SHORT

第二部分

卖空交易完全解析

了解了卖空的基本知识，现在就该分析现实生活中的实例，确定卖空时要看些什么。

我们先来看后文的图8.1。这个图是适合卖空的头肩顶图形之一。

所有好的卖空的想法都来自于一个非常优秀的买进计划。广义上来讲，美国股市是美国经济的一面镜子。我们在美国经济中所看到的起起落落的循环在股市中同样会看到。

这样的循环在股市中就表现为：绝大部分在牛市表现好的股票也同样会成为随之而来的熊市中卖空的最好对象。我们可以想象绝大多数表现好的股票都有自己的"生命周期"。这样的周期依次表现为牛市、熊市，以此类推，周而复始。

在牛市阶段，一只成功的股票很可能是新成立公司的股票，也可能是已经成立的公司所发行的股票。不论哪种，它们都是因为在产品、管理上有所创新，或者产业环境发生变化而进入一个新的成长周期的公司。机构投资者如共同基金和养老基金都开始注意这只股票。它们都开始吸纳这只股票，并在其发展的黄金时期通过不断地买进将股价推高。在这一阶段，它的股价将形成几个价格平台或者基线。每一次股价突破新的价格基线都会吸引越来越多的投资者关注。

在股价上扬、最终突破了三到四个这样的价格基线后，它会成为众人瞩目的对象。在股票走势的后期，华尔街几个分析师很可能会提高他们对股价的预期，或者广播和平面媒体会把这只股票的股价成倍夸大，你会越来越多地听到其他人谈论这只股票将会如何上涨。现在这只股票已经被每个人所熟知了，大家都在追捧这只股票，说它如何优秀。这一切都说明这只股票达到了它的顶峰。

应该说明的是一个典型的熊市往往能够提供最好的卖空机会。人们偶尔也能够通过股价中期回档修正阶段卖空来赚钱。大多数的牛市都可以分为最初的快速攀升，而后是中期回档修正，然后是第二个稍缓的快速攀升，股价升到最后的顶峰。依据中期回档修正程度的不同，一些在第一个攀升阶段充当领导股的股票可能成为中期回档修正阶段的卖空对象。例如，在1995年到1997年的牛市中，第一个股价攀升阶段出现在1995年末至1996年初。而这一阶段股市的领导股是半导体板块。以斯高柏（C-Cube）微系统公司为例，它在1995年末到1996年初达到了其股价的顶峰，提供了几个非常好的卖空时机。另外像中国的互联网股票和工业股票、美国的教育股和一些技术类股票如豪威科技（Omnivision Technologies）都在2004年有过非常好的卖空机会。

让我们来看一个基本的卖空情景。如图8.1中的点①所示，首次顶部出现后不久，股价从它的最高点或接近最高点处一落千丈，股价大幅跌落的同时，成交量达到历史最高或接近历史最高。这就表明：股市将出现大盘档。通常，这会发生在股票从残缺底部突破失败，转而跌破其支撑点；或者股票仅仅从还在形成中的后期底部脱底下跌的时候。不管是哪种情况，股价都会在一到五周或更长的时间内放量下跌，突破前期的底位和基线，吸引了看到股价在点②跌穿主要支撑线的卖空投资者提前入市。然而，大盘中显而易见的信息往往都没什么用。最后，股价迅速拉升，出现强劲反弹，直逼或者常常冲破50日移动均线。

在这个时候，你应该密切关注这只股票，开始把它作为候选的卖空对象。在股价绝对峰值出现后五到七个月甚至更长时间里，股价出现两到四次越过50日移动均线的反弹后，卖空的大好时机和合适价位就出现在点③处。在最初几次突破50日移动均线的反弹出现后，还会出现最后的一次反弹，这次反弹的成交量往往比前几次反弹小，而且随着股价上扬，逐渐萎缩。这时还常常出现股价上扬受阻。这就表明对该股票的需求量最终会减少，第一次放量走低就是卖空的信号。如果你比较警觉，并且大盘呈下挫趋势时，可能出现跟进失败，那么你也可以偶然性地在股价冲低之前的小交易量反弹之时卖空。这需要技巧，而且比等到股市完全下挫再入市更冒风险，但可以让你占尽先机。

　　有时也会出现一些例外，但是很少有股票只有一次突破50日移动均线的反弹，也很少出现几次逼近但从未真正突破50日移动均线的反弹。你也许会问，你怎么知道哪次反弹是这只个股的最后一次反弹呢？说老实话，永远也没有人能肯定。关键是每一次突破50日移动均线的反弹都要结合大盘环境和某次特定

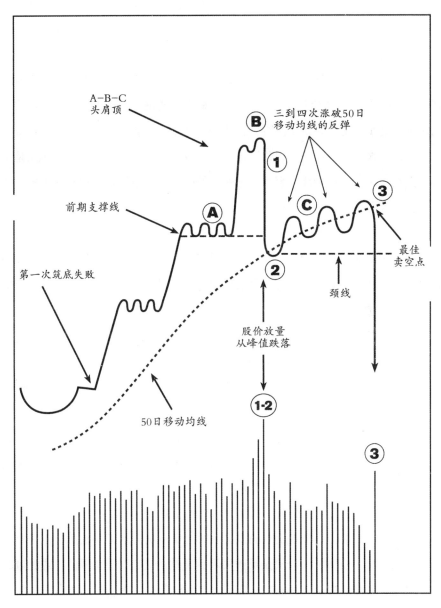

图8.1　卖空交易完全解析

反弹的性质来分析。比如说，反弹是严重受阻还是伴有萎缩成交量的"楔形"增长，这次反弹的技术指标与前几次突破50日移动均线有何不同？大盘是不是在近几天走反弹趋势，却遭到高档卖压的制约，在最后一次反弹失败的同时转低？这些都是反弹失败的征兆，这时便是合适的卖空机会。

只有一次反弹的模式比有三到四次反弹的模式更难辨认，而且股价初次反弹回50日移动均线之后第一次跌破50日均线的时候，试图卖空，很可能会发现出手过早而不得不平仓出局。成功的几率随着股价一次一次突破50日移动均线而增大，当然，有三到四次突破50日移动均线的股票卖空成功几率要比只有一到两次突破50日移动均线的大。如果你有机会精挑细选，那么一定要选择有三到四次或更多次突破50日移动均线的股票作为卖空对象。

这种模式呈A-B-C"头肩顶"形状，A和C分别代表左肩和右肩，而B是头部。大致来说，右肩会比左肩低，在右肩处明显地放量下挫，这样才形成一个从左到右成交量增加的总体模式。

头肩顶模式可能要五到七个月甚至更长的时间才能形成。模式本身体现的价格和成交量变化要比模式的大小或者说持续时间更重要。如果一个头肩顶模式仅仅三个月就形成了，但包含所有预示着卖空机会的技术指标，那我们就应该卖空。

一只股票不一定要形成典型的头肩顶模式才适合卖空。图8.2与图8.1只有一点变化，那就是图8.2中的后期筑底失败形成卖空机会。

在图8.2中，左肩没有形成，但从峰值向上挺进的股价和成交量形成了头肩顶模式中的顶部，这与图8.1十分相似。

在这种结构中，股价的峰顶出现在后期筑底失败时，形态与头肩顶模式相似，因为这也是一个迅速、急剧的股价放量暴跌。这次跌价常常会跌破前期上涨阶段中的支撑区，之后，股价通常会有几次突破50日移动均线的反弹。偶尔，你只能看到一两次逼近或突破50日移动均线的反弹。

头肩顶模式常会给准备卖空的人提供两次卖空机会。第一次机会出现在股价从峰顶跌落，经历了一个放量反弹失利后又跌回底部（图8.1），抑或放量跌破后期残缺底部的底线（图8.2）。第二次机会出现在几次反弹形成右肩，股价开始下跌、成交量增长之后。

要留意股票线图模式中的细微线索，这些线索会告诉你股票何时会转势。总而言之，你要关注的技术指标包括：

1. 股价上扬受挫。股价反弹但一到三周的时间里始终以中低价位收盘，这可能就是反弹遇到蓄意抛盘，会迅速失利、再次下挫的信号。尤

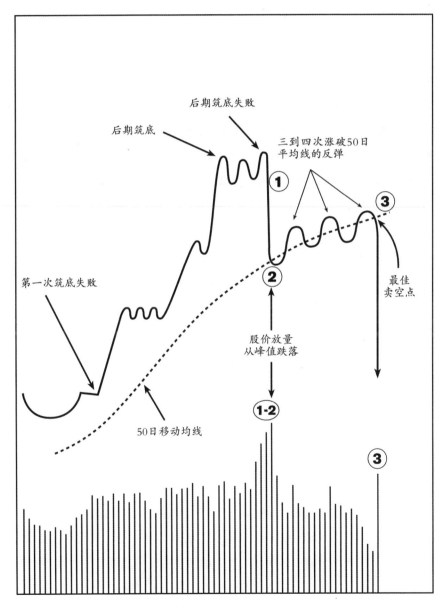

图8.2 卖空交易完全解析

其是在头肩顶模式的右肩处，第三次或第四次反弹突破50日移动均线受阻时，就是大盘崩滑的明显前兆。

2."楔形"出现。也就是股价上扬、成交量却随之下降的时候，暗示市场缺乏对个股的需求。与上扬受挫一样，在头肩顶模式右肩膀处中，第三到四次反弹突破50日移动均线时出现楔形也是大盘崩滑的明显前兆。

3."铁轨形线"。这种情况是指股价在一周内迅速上扬，但到了下一周，股价又重复上一周的波动，最后以一周内最高价收盘，而且交易量也很大。这就形成了平行前进的两条轨迹，与铁轨很相像。这样的放量重复轨迹可能预示着股市要出现大盘档，即使这两周的股价都以最高价或者接近最高价收盘，看起来似乎大成交量推动着股价。

4."岛"形顶。特点是在两到三周甚至更长时间的一次反弹后，最终价格出现大幅下跌，出现窄幅价格变化。这样在周线图上就出现了一个孤立的、"漂"在外面的小方十字，因此得名"岛"形顶。这预示着反弹的力量已是强弩之末，股价骤降诱使投资人卖空，造成股市在窄幅区域小幅震荡，尽管以较高价收盘。

5.注意伴随着小成交量的后期底部。如果一只股票在长期价格变动中形成了一个宽松的残缺后期底部，就要小心试图拉升价格但成交量低的突破。成交量低的破位拉升转势放量冲高可能是个早期卖空机会。有时，这种小成交量的残缺后期破底出现在股价达到峰值之后。形成峰顶后，股价可能形成一个大、宽、松的底部，企图再次冲高。如果再次拉升的成交量很小，就很可能失败，标志着股价不可能再超过峰值。

警惕前期支撑区域附近的价格，许多分析师会在价格跌破支撑线时卖空，却发现股价又冲过支撑线，转势迅速上扬，这就是过早卖空的教训。这种情况发生的部分原因是，技术分析和用线图解释股票走势导致许多散户同时对同一信息做出反应。因为主流技术分析认为突破支撑线是熊市开始的信号，所有看了线图的人都卖空，造成一时间大批卖空者涌入市场。一旦他们都选择卖空，实际上就会造成短期价格底限，因为现在的卖空者将来都需要买入回补从而产生了潜在的需求。因此，当所有人都选择卖空同一只股票时，他们一定都会被套牢。通常，最好的回补机会是在股价跌破历史最低或支撑线的时候，因为股价很可能会转势反弹，让你再等机会卖空。

要掌握卖空的技巧需要顽强的意志和不断的努力。可能你会被逼回补出局许多次，在这种时候，一定要当机立断，才能减少损失。但是，要无畏地继续关注这几只股票。这些逼你出局的股票还可能再次成为适合卖空的对象，因为合适的卖空机会最终会浮出水面，而你必须有一双敏锐的眼睛。也就是说，你可能在同一只股票上徘徊踟蹰许多次，最后才能尝到甜头。在股价一泻千里之前抓住卖空机会，就能赚取20%到30%的利润。

HOW TO

MAKE MONEY SELLING STOCKS SHORT

第三部分

经典的卖空交易实例

了解了卖空的各种情况之后，我们现在就可以研究一些股票历史上经典的卖空交易。在前几个实例中，我们会讨论每一次经典卖空操作的关键点和细节。这有助于读者识别出其他实例的重要特征。通过仔细研究每一个实例，读者应该能够学会识别潜在的卖空机会，并在实际交易当中加以运用。

思科系统公司（Cisco Systems, Inc.）

思科系统公司在1990年上市。在20世纪90年代美国股市繁荣的10年当中，它是三次牛市的领导股。思科系统之所以被界定为"领导股"，是由于它从1990年10月的上市发行价至2000年3月的历史最高点翻了惊人的75 000%。在2000年3月达到历史最高点之后，思科系统一度成为众多机构投资者投资组合的宠儿。

尽管思科系统曾经有过辉煌的历史，并提供了一个盈利股票的典范，但更为重要的是，它也证明了一个道理，那就是任何股票都有被抛售的时候，无论人们认为它有多么棒，无论华尔街的分析师们如何在它一路走跌时推荐买入。

从1990年上市至2000年达到历史最高点期间，思科系统成为领导股的一大基本特点就是：每次大盘调整时，思科总是最后调整。当它最终确实开始下跌时，这通常标志着整个大盘调整的结束或即将结束。仔细观察书中所附的思科周线图，你会清楚地看到这一点。每一次市场调整，思科总是在大盘逆转的最初阶段依然保持稳定（见第53页图中的Ⓐ点到Ⓓ点），随着市场继续调整，投资者开始恐慌，毫无疑问，思科也会开始持续几天的调整、探底，而后转入上升趋势，最终带领整个股市走出调整阶段，进入一个新的牛市阶段。

在近一个世纪里，我们都自然地认为，每当大盘开始陷入某种最严重的问题时，思科都会开始调整。然而，有趣的事情发生了，思科第一次打破了这种惯例！当大盘开始调整时，思科持续下跌，而并不像以往惯有的调整模式那样，带领大盘走出调整期，开始新一轮的上涨趋势。这一点非常重要，意味着此时应该卖出，甚至卖空思科系统。

细心的读者很容易就会发现在2000年3月历史最高点附近，思科形成了一个清晰的头肩顶形态。然而，随着股价跌破右肩部上的颈线，一些试图建立头寸的卖空投资者很快发现他们的操作为时尚早。因为跌破颈线仅仅发生在3月最高点出现两个半月后，股市中看涨的心理还在努力地为思科"讨价还价"，最终使思科大幅反弹越过50日移动平均线，但始终没超过每股70美元价格水平，这些都说明了此时进行卖空操作还为时过早。

足足过了四个月，看涨思科的投资者才完全放弃，这只股票终于一泻千里。我们在后面介绍的其他成功的卖空实例也同样如此。我们在上一章里讨论过这样一个原则，即领导股的最佳卖空点一般是在最后一次峰顶的几个月后，这一原则在这个实例中表现得非常明显。

思科系统的日线图详细地展现了周线图中四次越过50日移动均线的反弹。一般来说，在股价三到四次反弹后，我们就一定要对开始卖空操作的信号警觉起来。在思科的实例中，第四次反弹的失败敲响了它死亡的丧钟；同时，在股价以大成交量跌破50日和200日移动平均线时，开始卖空操作的铃声清晰而响亮地响起。注意一下第四次反弹试图越过50日移动均线，随着成交量回升，反弹幅度变小，这一细节使这一次反弹与前三次不同，预示着这只股票可能会由此迅速下跌。

如果你错过了第一次卖空点，这只股票还在每股50美元水平之上的时候提供了另外一次机会，也就是股价放量跌破50日移动均线之前，反弹越过50日移动均线的两天。这是一个清晰的第二次卖空点。最终，思科跌破了每股10美元，引发了股民们广泛的震惊，他们不敢相信这只在90年代牛市上属于"投资级别"的股票宠儿竟然从2000年3月的历史最高点失去了90%以上的市值。

思科系统公司（Cisco Systems, Inc.）周线图

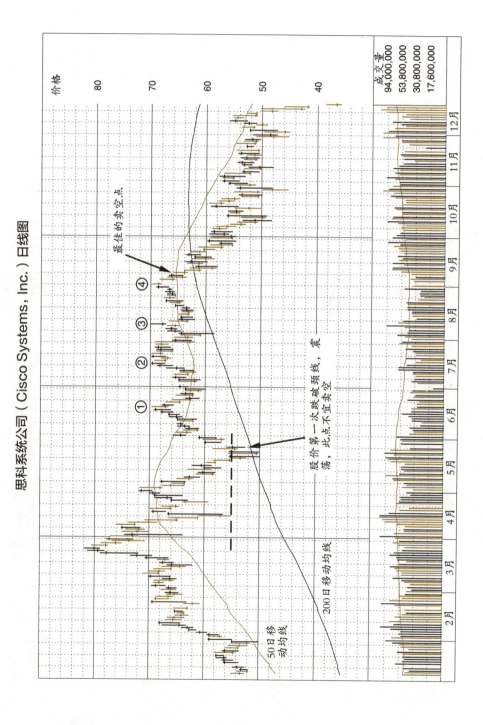

思科系统公司（Cisco Systems, Inc.）日线图

朗讯科技公司（Lucent Technologies,Inc.）

朗讯科技公司是另外一只90年代后期牛市上的"投资级别"的股票宠儿，1996年4月从AT&T（美国电话电报公司）拆分上市。在AT&T，朗讯科技一直致力于研究和开发大量最前沿通讯技术，因此被认为是AT&T下属公司中的"钻石皇冠"。拆分上市后，朗讯科技的股份被分配给AT&T公司的股东，就像丢给他们一根"鲜嫩多汁的骨头"，使原本"电话业"的股东们充分体会到朗讯科技创新所带来的价值。在拆分之后的44个月当中，朗讯的股票市值由每股7美元一跃升至每股60美元，那些电话业股东们也确实意识到了它的价值。当时，朗讯科技一直是许多华尔街分析师的"最爱"，在华尔街主要股票经纪人的"重点名单"和"投资级别"买入推荐中，你都能看到朗讯的名字。

然而，从所附的朗讯周线图中我们可以看到，这一段繁荣从2000年1月7日这一周大幅的股价下跌开始逐渐结束。股价大幅下跌构成了在当时还未完全展开的头肩顶形态中的"头"部右侧。

许多投资者试图抓住这次大幅下跌，进行卖空操作，但他们行动得太早了。因为此时距离绝对峰顶仅仅四周。卖空投资者会马上陷入随后试图超越50日移动均线的反弹，而这种反弹一共会出现四轮。与前面思科的实例一样，朗讯最终在第四轮突破50日移动均线反弹失败后，提供了一个最佳的卖空点。在这个点上，朗讯股价开始逆转，以大成交量跌破50日移动均线。事实上，当股票开始逆转下跌时，仔细观察股票日线图你会发现三个卖空点。第一次发生在股价移动到200日移动均线之上，而后又跌破平均线时；第二次发生在股价穿过50日移动均线时；第三次发生在股价跌过右肩"颈线"，形成了一个完整的头肩顶形态。

请注意，从股价终极顶部开始，一直到朗讯完全呈现出下跌趋势，有33周时间。而在股价彻底逆转之前，几次放量下挫包括跌破200日移动均线、50日移动均线和头肩顶的"颈线"都是非常清晰的卖空信号。从朗讯的实例，我们能清楚地看到，当股价涨到1999年后半年的历史最高点后，投资者就一定要对卖空的时机保持警觉和耐心，因为过早的卖空行为毫无疑问会被套住并不得不高位补空。

朗讯科技公司（Lucent Technologies, Inc.）周线图

A-B-C头肩顶

试图超越50日移动均线的四次反弹

距离历史最高点33周，股价跌破以大成交量跌破移动平均线，最佳的卖空点

右肩第一次跌破颈线，此时做空为时尚早

大成交量的股价下跌

价格
110
100
90
80
70
60
50
45
38
34
30
26
24
22
19
17
15
13
12
11
10
9
8
7
6
5
4.5

成交量
74,000,000
38,000,000
20,000,000

98年9月 | 98年12月 | 99年3月 | 99年6月 | 99年9月 | 99年12月 | 00年3月 | 00年6月 | 00年9月 | 00年12月 | 01年3月 | 01年6月

朗讯科技公司（Lucent Technologies, Inc.）日线图

卡尔派恩公司（Calpine Corp.）

电力公司卡尔派恩是一个非常好的后期带柄杯状形态筑底失败的例子，终极顶部之后的几个月里，提供了很好的卖空机会。有趣的是，当卡尔派恩公司股价接近它在2001年3月的历史最高点时，电力生产和对即将发生的电力危机的恐慌在新闻中被大肆报道。加利福尼亚的轮流限电也引起了公众的广泛注意，在当时引起了危机感。突然，每个人都意识到电力生产是个"热门"行业，尽管在过去的两年半里，像卡尔派恩公司这样的股票价格一直在稳定地攀升。不幸的是，在股票市场上，当每个人都"意识到"某些事情时，一切都已经结束了。

从最初的每股2.6美元到超过每股58美元，卡尔派恩公司共构筑了六个底，前五个都相对完整且正常。而第六个底部形态，显示出与以往不同的特征。最后的底部形态呈现出一个巨大、松散的带柄杯状底，杯底有三个不同的低点。随着股价试图冲出底部，前两个星期里，股价放量反弹无力。八周后，股价骤然跌破50日移动均线，股价开始大跌。

一个典型的现象是，股价的走弱和下跌都可以从所附的日线图观察出来。注意从每股50美元区域中央下跌到每股20美元的走低过程中，总是伴随着小幅、短暂反弹，且反弹时交易量会减少（楔形反弹）；每次反弹后，一般紧跟着股价下跌，而交易量却有所回升。这种技术形态经常会在股价下跌趋势中出现，而出现这种形态的股票一般可以在交易量萎缩时的反弹（楔形反弹）冲击50日移动平均线或200日移动平均线时卖空。

一旦这只股票开始持续下跌，最佳卖空点发生在股价达到绝对峰顶后大约八个月的时候。这一点，在周线图上我们能看到，股价放量反弹越过50日移动均线，放量反弹无力。随着股价跌破50日移动均线，交易量开始回升，且此后三个星期，股价从每股26美元直跌到每股10美元以下。

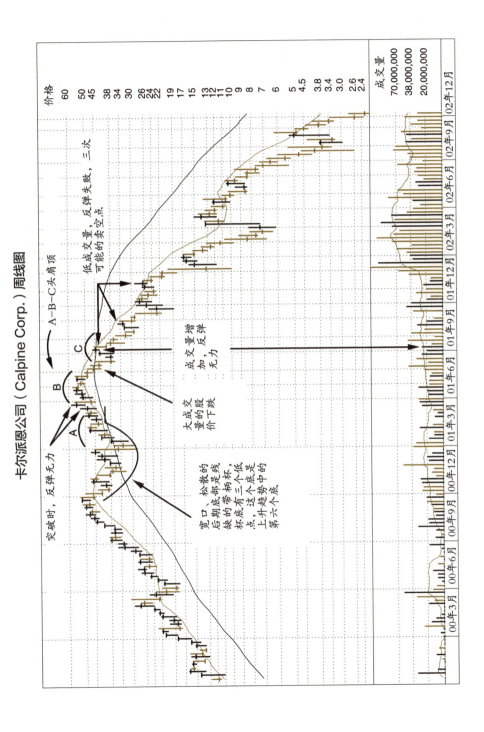

卡尔派恩公司（Calpine Corp.）周线图

卡尔派恩公司（Calpine Corp.）日线图

价格

60
50
40
30
20
10

成交量

13,600,000
5,800,000
2,400,000

卖空点

卖空点

50日移动均线

200日移动均线

注意股价反弹，成交量下降；
而股价下跌，成交量上涨

反弹　下跌　　反弹　下跌　　反弹　下跌

2月　3月　4月　5月　6月　7月　8月　9月　10月　11月　12月

雅虎公司（Yahoo!,Inc.）

雅虎公司这个1998年~1999年期间股票牛市中互联网行业的大赢家，最终不得不和"经典模式"说再见了。雅虎在上升趋势的最后阶段，股价努力地冲击每股250美元的新高。但是，值得注意的是，雅虎在最后上扬的两个星期内每周成交量几乎是整个上升趋势中最小的。而后紧跟着一个大幅、高成交量的反转，迅速从峰顶跌至每股150.06美元，而下一周紧跟着又是放量下跌。在接下来的三个月里，在再次下跌之前，股票一直以小交易量反复徘徊，这一次低于200日移动均线。七周后，50日移动均线穿过并开始低于200日移动均线。我们能在周线图中看到，从这点开始这只股票已经四次反弹超过50日移动均线。四次反弹后，股价突然大幅跌破50日移动均线，且成交量显著回升。这一点是最佳的卖空点。

雅虎的股价最终在每股8.02美元探底，比起每股250.06美元的历史最高点，市值惊人地减少了96.8%。

博通公司（Broadcom Corp.）

高速宽频通讯行业曾经在1998年~1999年的牛市上风行一时，趁着这股势头，博通公司的股价在1998年11月的首次发行价基础上，经过71周，翻了994%。

博通公司最初显示出与以往不同，是在2000年3月股价上升到每股253美元的时候。随着股价步入250美元的新高，两个情况的发生预示着博通公司即将进入熊市。首先，随着股价上升到新高，交易量却持续两星期非常低迷。同时，股票形成了"铁轨形线"，完全重复着前一周的走势。

很快，股价大幅下跌，仅仅两个星期，就下跌了50%。此后，股价开始回升，形成了一个宽口、松散的带柄杯状形态，股价试图从此有所突破。但是这个底部是个假象，股价三次试图反弹至每股260美元区域均告失败。在第三次反弹失败后，股值大幅下跌，成交量却猛增。最终股价在2002年10月以每股9.52美元探底。

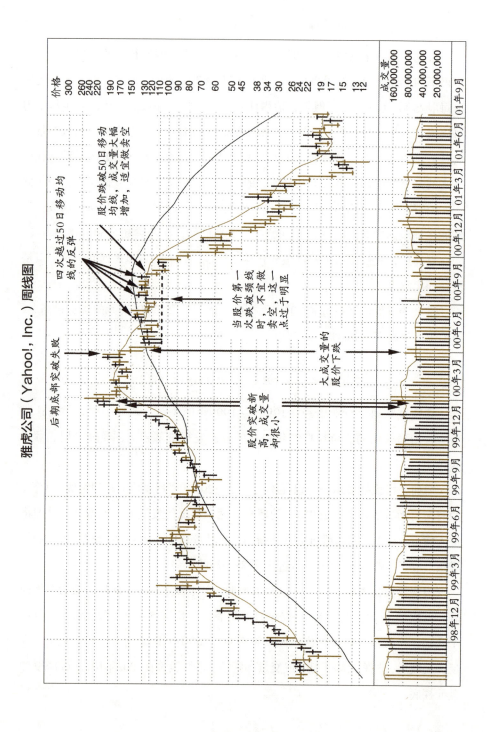

雅虎公司（Yahoo, Inc.）周线图

博通公司（Broadcom Corp.）周线图

"铁轨形线"

最佳的卖空点

股价第二次反弹越过50日移动均线，第二个卖空点

股价与前一底部相切时，做补空

筑底失败，大成交量

宽口、松散、残缺的带柄杯形底

价格
300
260
240
220
190
170
150
130
120
110
100
90
80
70
60
50
45
38
34
30
26
24
22
19
17
15
13
12

成交量
42,000,000
26,000,000
16,000,000

98年12月 99年3月 99年6月 99年9月 99年12月 00年3月 00年6月 00年9月 00年12月 01年3月 01年6月 01年9月

瑟登帝公司（Certain-Teed Products Corp.）

瑟登帝公司在1960年~1961年的牛市获得巨额收益，从1961年12月到1962年12月，股票市值飙升400%。事实上，我曾在购买瑟登帝公司股票时，犯过一次错误。最初我是以非常低的每股20美元买入，当时它刚刚呈现出高架构、窄幅旗形形态（high, tight flag pattern），我在获利两到三个点后就抛售了，只能眼睁睁看着它一路跃升涨到每股80美元。正是从这次以及其他的错误当中，我发现并总结了很多原则，这后来就形成了我的CAN SLIM方法，还有大盘系统（General Market System）方法。大盘系统方法用来确定市场指数一般趋势，它几次帮我在熊市中幸免于难或做卖空。

运用大盘系统方法，我开始推荐瑟登帝公司以及其它几只大股如科沃特（Korvette Corp.）做卖空。而我当时是海登斯通投资银行（Hayden Stone）一名年轻的股票经纪人，海登斯通投资银行在当时是一家非常有名的公司，但现在已经不存在了。在如何操作瑟登帝股票的问题上，我与纽约总部的意见截然相反。海登斯通投行的分析师们推荐买入这只股票，而我则准备告诉客户应该去做卖空。由于我是公司几个业绩最好的股票经纪人之一，我被邀请去公司广播电台，向本地区其他分部经纪人谈谈看法。我陈述道，我相信瑟登帝股票会带来一个好的卖空机会，尽管海登斯通投行的分析师们在一天前还在推荐买入这只股票。我甚至能通过电话听到其他分部经纪人沉重的喘气声。

但是，事实就是事实，瑟登帝股票确实带来了一个好的卖空机会。我在每股44美元~45美元时卖空；在随后的五周多时间里，股价迅速下跌，我很快获得了25%~30%的盈利。书中所附的这张瑟登帝股价线图是从一本很旧的《股市赢家典范》（*Model Book of Greatest Stock Market Winners*）中摘录下来的，我在上面做了很多标记，说明了我在当时是如何研究这只股票的。从图表中很容易看出，股价形成了一个清晰的头肩顶，且在第二次跌破颈线时，开始大幅下跌。通常，股价在右肩部第一次跌破颈线时，会很快又反弹回颈线之上，但一些看到第一次明显下跌的卖空投资者就已经开始操作了。第二次跌破颈线没有第一次明显，此时，那些在第一次跌破颈线就开始卖空的投资人正蒙受损失，可能此时又不敢再次进入，而恰恰这一次是最合适的机会。还是那句老话，股市上多数人都能看出的东西很难奏效。

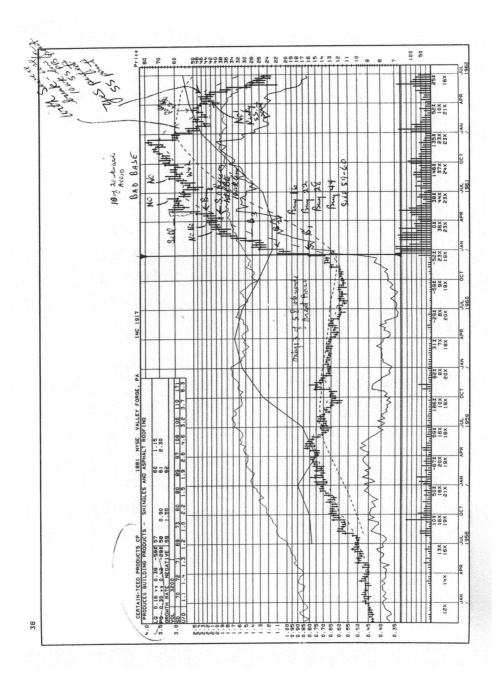

注：此图为附评注的瑟登帝公司周线图，摘自1971年《股市赢家典范》(*Model Book of Greatest Stock Market Winners*)

洛斯公司（Loews Corp.）

在20世纪60年代，随着航空旅游的普及，美国的消费者开始享受飞行带来的自由。很自然，航空公司类股票在这一时期有非常好的表现。消费者们只要办些简单的手续，就能轻松地到达任何地方，航空旅游空前地繁荣起来。紧跟着迅速发展起来的就是为旅游提供配套服务的行业，比如旅店住宿业。在60年代表现好的旅店类股票中，洛斯公司股票是领导股之一。

旅店类股票的良好表现告诉我们一个有趣的"追随"规律。一般而言，一个行业的股票走势良好（本实例中的航空公司类股票）会导致另一行业的股票（本实例中的旅店类股票）走势也跟着良好；而后者与前者息息相关并能从前者发展中获利。在本实例中，航空旅游的繁荣带来了旅店住宿业的迅速发展。但不同的是，航空公司类股票是在1962年~1965年的牛市表现良好，而旅店类股票是在紧随其后的1966年~1969年的牛市表现良好。

紧跟牛市大盘，航空公司类股票在1965年下半年达到历史最高点，随后很快全面大幅下跌，最终探底，并试图在下一轮1966年牛市中随大势反弹。但不幸的是，航空公司类股票大部分都被机构投资者过量持有，反弹以失败告终。但是更大意义上的旅游业增长并没有停止。细心的投资者会发现，1967年之前，这轮增长在旅店类股票上得到了体现。

洛斯公司表现惊人，24个月当中股价直线上涨，翻了1 230%，在1969年3月达到历史最高点。最高点之后的三周，股价开始下滑并伴随交易量猛增，形成了即将展开的头肩顶形态的头部。右肩部是由两次超过50日移动均线的反弹所组成，正确的卖空点是在第二次反弹之后，在右肩的右侧，股价下滑，并以上涨的成交量跌破50日移动均线。

股价在随后的八周里，持续下跌并伴有小幅上扬，最终形成的底点恰好与前一次底点相切，前一次底部是在1968年6月到8月形成的。这是一个清晰的补空点，而后股价开始改变走势，从每股25美元上涨到每股40美元。这次上涨至40美元区域的反弹实际上包含三次超过200日移动均线的小反弹。第三次反弹后的两周，股价小幅上扬，但成交量低迷。接下来的一周，股价同时跌破50日移动均线和200日移动均线，这是第二个卖空点。很快，股价跌至每股十几美元。

洛斯公司（Loews Corp.）周线图

A—B—C头肩顶

股价跌破50日移动均线，成交量增加，最佳的卖空点

三次越过50日移动均线反弹后，股价跌破50日移动均线，第二个卖空点

两次越过50日移动均线的反弹

三次越过50日移动均线的反弹

股价与1968年8月底部相切，最佳的补空点

股价大幅下跌

1968年8月底点

价格
110
100
90
80
70
60
50
45
38
34
30
26
24
22
19
17
15
13
12
11
10
9
8
7
6
5
4.5

成交量
132,000
56,000
24,000

67年9月 | 67年12月 | 68年3月 | 68年6月 | 68年9月 | 68年12月 | 69年3月 | 69年6月 | 69年9月 | 69年12月 | 70年3月 | 70年6月

— 067 —

此后，洛斯公司逐渐从旅店经营的主要业务中撤出，转而进入烟草业、保险业和石油及天然气等多种行业。

红人工业公司和天际公司
（Redman Industries,Inc.& Skyline Corp.）

活动房屋（mobile home）在今天看来，并不会令投资者们激动得热血沸腾。但在20世纪60年代，活动房屋业非常繁荣，像红人工业公司和天际公司这样的活动房屋制造商也随之迅速发展起来。

在这两只股票中，天际公司股票首先从最初的底部形态开始上涨，并且表现越来越好，在28个月中，市值增长了1 233%；而红人工业公司股票的上涨要晚6个月，在17个月里增幅837%。尽管红人工业公司看起来不如天际公司走势强，但还是比天际公司早五个月到达历史最高点。

仔细研究这两只股票的表现是非常有意义的，因为它们能说明一组股票走势之间的关系。它们在几个月内先后开始持续上涨，又在几个月内先后到达历史最高点。红人工业公司在1969年5月达到历史最高点，对购买天际股票的投资者就是一个信号，预示着天际公司的股票很快也将到达峰顶。

从走势图中，我们能够看到，这两只股票都形成了常规的上升趋势，中间穿插几个小的、窄幅的底部。当股价开始接近历史顶点时，它们的走势特点都开始变化。经过一路攀升后，股价开始调整，在峰顶附近，形成了一对带柄杯状形态。

在红人工业公司的实例中，没能从第一个宽口、松散的后期带柄杯状形态再次突破，标志着它已达到最高点；同样，天际公司没能从它第二个后期的带柄杯状形态突破，也预示着上升趋势的结束。

红人工业公司的最高点和其后的股价下跌，形成了即将展开的头肩顶头部的右侧。当股价跌至头部右侧时，最低点开始与第一个后期的带柄杯状形态的最低点相切。此时，股价开始小幅反弹，达到50日移动均线之上。请记住，当股价跌破所谓的"主要支撑水平"，比如走势图中标示的前一个带柄杯状形态的底点，会误导许多投资者做卖空。但是这一点太明显了，他们很快就会被套住。

红人工业公司随后又有两次超过50日移动均线的反弹。总共三次超过50日移动均线的反弹完成了头肩顶形态的右肩。第三次反弹表现为两周小成交量的小幅震荡，之后，成交量开始回升，股价最后一次突破50日移动均线。在随后的几个月里，股价就直跌到每股十几美元。

另一只股票——天际公司直到1969年10月才攀上历史最高点。此时，股价试图突破一个起初看似后期带柄杯状形态而其实是后期残缺的带柄双底形态的底部，但并没有成功。而第一个带柄杯状形态也同样如此。仔细观察这两个底部，你会发现它们实际上都是残缺的带柄双底形态。之所以形成这样的形态，是因为第一个底是头三周的下跌形成的，另一个底是头两周的下跌形成的。这两种情况都不正常，因为完整的双底形态中第一个底的左侧形成一般需要四到六周，而不是两到三周。之所以需要四到六周是因为一般的双底，尤其是后期双底，需要更多的时间清理市场浮额才能形成左侧。只下跌两到三周，不足以清理全部的市场浮额，最终导致一个很容易失败的残缺的底部结构。

天际公司1969年10月达到历史最高点后，股价在接下来的三个月里连续下跌，最终只形成两次越过50日移动均线的反弹。第二次反弹持续三周，但每周成交量均低于平均成交量，而且前两周的反弹无力。这次反弹后的三周里，成交量回升，而股价跌破50日移动均线。之后的几周里，股价一泻千里。

比较一下这两只股票，你会发现，天际公司比红人工业公司走势更强些，因为它首先开始牛市突破，在到达历史最高点之前走势更好，最终比红人工业公司晚些到达历史最高点。这种相对强势在下跌阶段也能观察到。而观察每个走势图的卖空点，也就是头肩顶的右肩右侧、股价跌破50日移动均线的点，我们可以看到，红人工业公司股票事实上更适合做卖空。

这个实例告诉我们，当同一行业股票中的几只都进入牛市时，当它们最终都到达历史最高点时，你应该选择走势最弱的一只作为卖空的首选。一般来说，这样的股票比其他股票上涨得晚，或者更早到达历史最高点——这些都会增加卖空的成功率。

红人工业公司（Redman Industries, Inc.）周线图

巨大的A−B−C头肩顶

第四次反弹越过50
日移动均线之后，
股价跌破50日移动
均线，成交量骤增，
最佳的卖空点

一对相似的，宽口的，
松散的后期带柄茶杯状底

股价跌破前一底部低
点，即所谓的"支撑
水平"，但此时做卖
空为时尚早

价格	
60	
50	
45	
38	
34	
30	
26	
24	
22	
19	
17	
15	
13	
12	
11	
10	
9	
8	
7	
6	
5	
4.5	
3.8	
3.4	
3.0	
2.6	

成交量	
96,000	
46,000	
22,000	

67年9月 67年12月 68年3月 68年6月 68年9月 68年12月 69年3月 69年6月 69年9月 69年12月 70年3月 70年6月

天际公司（Skyline Corp.）周线图

A

B

C

①②

残缺的
后期双底

第二次反弹越过50
日移动均线之后，
股价跌破50日移动
均线，成交量增加，
最佳的卖空点。

成交量猛跌

价格
45
38
34
30
26
24
22
19
17
15
13
12
11
10
9
8
7
6
5
4.5
3.8
3.4
3.0
2.6
2.4
2.2
2.0

成交量
704,000
246,000
86,000
30,000

67年9月 | 67年12月 | 68年3月 | 68年6月 | 68年9月 | 68年12月 | 69年3月 | 69年6月 | 69年9月 | 69年12月 | 70年3月 | 70年6月

斯高柏微系统公司（C-Cube Microsystems,Inc.）

1995年~1997年牛市期间，互联网刚刚开始迅速发展。迅速发展的一个原因是"MPEG"（Moving Picture Experts Group）多媒体格式的发明，使视频可以通过互联网进行传输和观看。MPEG技术可以压缩视频和音频文件，从而使它们能够轻松地通过互联网传输。

从事视频压缩业务规模最大的公司之一就是斯高柏微系统公司。斯高柏微系统公司是第一个生产用于消费类电子产品和计算机应用的单芯片MPEG解码器，第一个生产用于通讯类产品的单芯片MPEG解码器，第一个生产单芯片视频编码器的公司。这项技术的重大突破，使人们能够将一个小时的视频节目刻录到一张CD-ROM光盘上，而如果没经过压缩的话，这段视频节目会占用100张CD-ROM光盘的空间。

前面提到的新产品为斯高柏微系统公司带来了空前的盈利增长，促使它的股票价格从1995年5月上市发行价，经过四十一周达到历史最高点，翻了494%。在到达峰顶之前，它形成了一个宽口、松散的带柄V型杯状形态，并从此处试图突破，但随即失败。

在这次突破失败后，股票价格在随后的五周里迅速下跌，市值几乎降了一半。第五周的股价下跌似乎遇到了一个强烈的支撑点，这个支撑点与上一个V型杯状底部的底点相切。股价由此开始上扬，以接近一周内最高价的价格收盘，而且交易量巨大。然而斯高柏微系统公司的例子与我们所举的其他实例略有不同。它的股价连续三次反弹，一次比一次弱，且交易大部分都在50日移动均线上，但收盘价格却要低于50日移动均线。第三次反弹不像前两次那样远高于50日移动均线之上。这些弱势反弹都在暗示它们已经失去了上升趋势。第三次反弹失败后，成交量迅速上升，股价反向跌破50日移动均线。在随后的七周里，迅速跌至每股二十多美元。

这个实例告诉我们，股价从峰顶下跌后的反弹会有多种形式，但总能看到一次、两次、三次甚至更多次的反弹，反弹试图使股价回升到甚至超越50日移动均线水平。这些反弹吸引了过早入市的卖空投资者和认为股票一度抢手现在却如此"便宜"的投资者。一旦这些投资者都急忙入市之后，这些反弹就会彰

斯高柏微系统公司（C-Cube Microsystems, Inc.）周线图

价格
130
120
110
100
90
80
70
60
50
45
38
34
30
26
24
22
19
17
15
13
12
11
10
9
8
7
6
5

三次反弹试图越过50日移动均线，均告失败

A−B−C头肩顶

B

A

C

股价第三次反弹试图越过50日移动均线，成交量猛增，最佳卖空点

第三次反弹试图越过50日移动均线失败，成交量猛增

股价大幅下跌

后期V型柄杯状底部

新股发行价每股8美元

成交量
5,400,000
3,200,000
1,800,000

93年12月　94年3月　94年6月　94年9月　94年12月　95年3月　95年6月　95年9月　95年12月　96年3月　96年6月　96年9月

显疲软。有些反弹使一周收盘价高于50日移动均线，有些则低于50日移动均线，或者受到阻力停留在50日移动均线上。但无论何种形态，敏锐的卖空投资者一定能正确判断什么时候是最后一次反弹，并在恰当的时机，即股价逆转下跌、成交量猛增时，果断采取行动。

其他经典卖空交易实例

实际上，卖空要比买入股票难得多，需要有更高的投资技巧，而这些技巧只能通过仔细研究、分析和实践获得。后面的范例会为读者提供充足的学习资料，用以阐述和强化本书前几部分所提到的各种卖空的概念。通过仔细阅读这些真实的卖空范例，研究它们的具体特征，股民和投资者会对哪些股票是理想的卖空选择有一个全面、正确的理解。

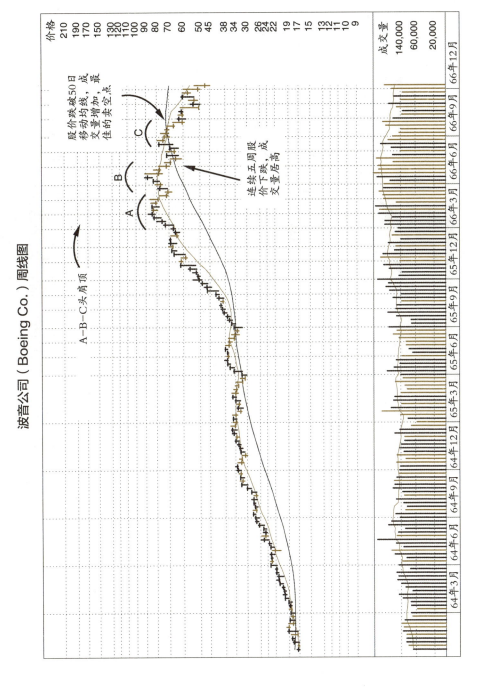

波音公司（Boeing Co.）周线图

A–B–C头肩顶

股价跌破50日移动均线，成交量增加，最佳的卖空点

连续五周股价下跌，成交量居高

摩托罗拉公司（Motorola, Inc.）周线图

A—B—C头肩顶

股价大幅跌
破50日移动
均线，成交
量猛增，最
佳的卖空点

B

A

C

终极顶部

股价大幅下跌

成交量猛增

价格	
600	
500	
450	
380	
340	
300	
260	
240	
220	
190	
170	
150	
130	
120	
110	
100	
90	
80	
70	
60	
50	
45	
38	
34	
30	
26	
24	

成交量
94,000
46,000
22,000

64年3月 64年6月 64年9月 64年12月 65年3月 65年6月 65年9月 65年12月 66年3月 66年6月 66年9月 66年12月

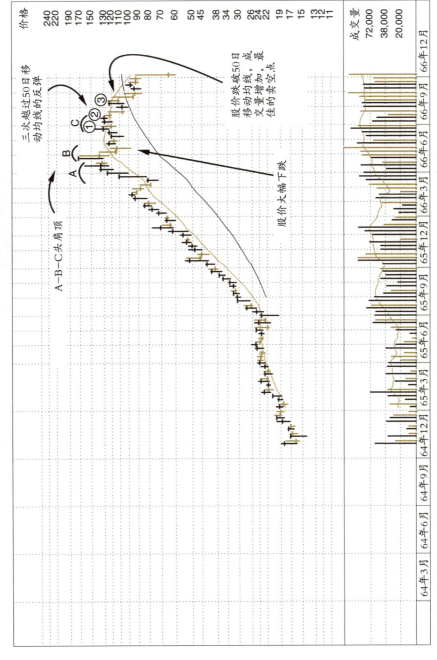

美国索利特罗设备公司（Solitron Devices, Inc.）周线图

威廉姆斯公司（Williams Companies）周线图

美国联合产品公司（Allied Products Corp.）周线图

A–B–C头肩顶

反弹无力，大成交量

低成交量反弹
失败后，股价
跌破50日移动
均线，成交量
增长，最佳的
卖空点

终极顶部

A
B
C

峰顶附近的两
个"铁轨形线"

第二次越过50日移动
均线，成交量极低

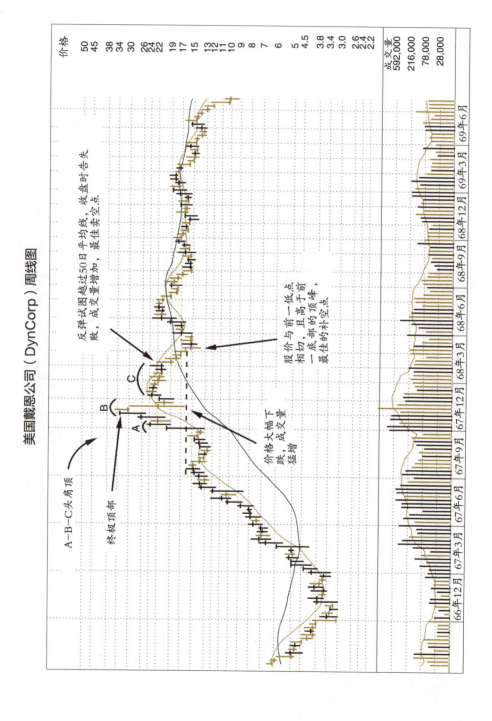

美国戴恩公司（DynCorp）周线图

A-B-C头肩顶

终极顶部

反弹试图越过50日平均线，收盘时告失败，成交量增加，最佳卖空点

股价与前一低点相切，且高于前一底部的顶峰，最佳的补空点

价格大幅下跌，成交量猛增

价格
50
45
38
34
30
26
24
22
19
17
15
13
12
11
10
9
8
7
6
5
4.5
3.8
3.4
3.0
2.6
2.4
2.2

成交量
592,000
216,000
78,000
28,000

66年12月　67年3月　67年6月　67年9月　67年12月　68年3月　68年6月　68年9月　68年12月　69年3月　69年6月

Monogram工业公司（Monogram Industries, Inc）周线图

大盘指数在此达到顶点

低成交量反弹进入
50日平均线

反弹失败便速
转，成交量增
加，最佳的卖
空点

相似的后期带柄杯状底
部，形态宽口，松散

上涨交易量萎缩

价格
130
120
110
100
90
80
70
60
50
45
38
34
30
26
24
22
19
17
15
13
12
11
10
9
8
7
6

成交量
96,000
46,000
22,000

67年3月　67年6月　67年9月　67年12月　68年3月　68年6月　68年9月　68年12月　69年3月　69年6月　69年9月　69年12月

美国胜特兰公司（Sunstrand Corp.）周线图

巨大的A−B−C头肩顶

小交易量步入新高

B

A

筑底失败，成交量增加，可能的卖空点

第三次反弹后，最佳的卖空点

C

①②

③

后期带柄杯状底部形态

高成交量

低成交量

成交量猛增

价格
260
240
220
190
170
150
130
120
110
100
90
80
70
60
50
45
38
34
30
26
24
22
19
17
15
13
12
11

成交量
74,000
38,000
20,000

67年3月 67年6月 67年9月 67年12月 68年3月 68年6月 68年9月 68年12月 69年3月 69年6月 69年9月 69年12月

爱琳女装公司（Aileen, Inc.）周线图

价格

90
80
70
60

50
45

38
34
30
26
24
22

19
17
15
13
12
11
10
9
8
7
6

5
4.5

3.8

成交量

70,000

38,000

20,000

A–B–C头肩顶

股价跌破50日移动
均线，交易量增加，
最佳的卖空点

B

C

① ② ③

三次越过50日移动
均线的反弹

股价大幅下跌

残缺的后期带柄
杯状底，杯柄在
右侧1/2低处形成

67年9月 | 67年12月 | 68年3月 | 68年6月 | 68年9月 | 68年12月 | 69年3月 | 69年6月 | 69年9月 | 69年12月 | 70年3月 | 70年6月

无线电音响城（Radioshack Corp.）周线图

价格

| 150 |
| 130 |
| 120 |
| 110 |
| 100 |
| 90 |
| 80 |
| 70 |
| 60 |
| 50 |
| 45 |
| 38 |
| 34 |
| 30 |
| 26 |
| 24 |
| 22 |
| 19 |
| 17 |
| 15 |
| 13 |
| 12 |
| 11 |
| 10 |
| 9 |
| 8 |
| 7 |

突破失败，大成交量

从后期底部突破，低成交量

后期杯状底部

股价跌破50日移动均线，交易量增加，最佳的卖空点。

股价突破，交易量极低

成交量

62,000
34,000
18,000

67年9月 | 67年12月 | 68年3月 | 68年6月 | 68年9月 | 68年12月 | 69年3月 | 69年6月 | 69年9月 | 69年12月 | 70年3月 | 70年6月

— 084 —

希尔顿饭店（Hilton Hotels Corp.）周线图

筑底失败，大成交量，
最佳的卖空点

股价步入新高，
成交量极低

残缺的后期杯柄状
底，杯柄在右侧1/2低
处形成

价格		成交量
190		56,000
170		32,000
150		18,000
130		
120		
110		
100		
90		
80		
70		
60		
50		
45		
38		
34		
30		
26		
24		
22		
19		
17		
15		
13		
11		
10		
9		
8		

67年12月 68年3月 68年6月 68年9月 68年12月 69年3月 69年6月 69年9月 69年12月 70年3月 70年6月 70年9月

控制数据系统有限公司（Control Data Corp.）周线图

价格

340
300
260
240
220
190
170
150
130
120
110
100
90
80
70
60
50
45
38
34
30
26
24
22
19
17
15

成交量
440,000
160,000
60,000
20,000

大盘指数在此点为顶点。

越过50日移动均线，低成交量

股价跌破50日移动均线，交易量增加，最佳的卖空点

股价大幅下跌

股价下跌成交量盆增，股价筑长型底，大盘指数比时冲顶

后期带柄杯状底

67年12月　68年3月　68年6月　68年9月　68年12月　69年3月　69年6月　69年9月　69年12月　70年3月　70年6月　70年9月

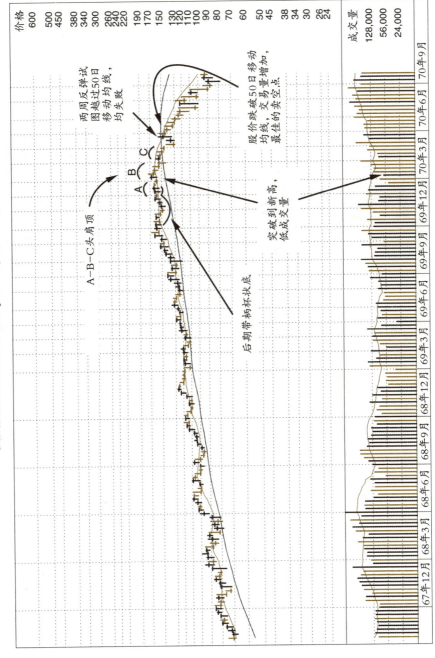

美国优利系统公司（Unisys Corp.）周线图

A-B-C头肩顶

两周反弹试图越过50日移动均线，均失败

后期带柄杯状底

突破到新高，低成交量

股价跌破50日移动均线，交易量增加，最佳的卖空点

计算机科学公司（Computer Sciences Corp.）周线图

A-B-C头肩顶

反弹至50日移动均线失败，
交易量萎缩，最佳的卖空点。

B

A

C

突破到新高，
低成交量

第一次跌破右
肩部颈线，不
宜做卖空

股价大幅下跌

宽口，松散
的后翘带柄
杯状底

价格
70
60
50
45
38
34
30
26
24
22
19
17
15
13
12
11
10
9
8
7
6
5
4.5
3.8
3.4
3.0

成交量
420,000
160,000
60,000
20,000

67年12月 68年3月 68年6月 68年9月 68年12月 69年3月 69年6月 69年9月 69年12月 70年3月 70年6月 70年9月

普朗特工业公司（Plant Industries, Inc.）周线图

巨大的A－B－C头肩顶

终极顶部

A

B

C

股价跌破50日移动
均线，交易量增加，
最佳的卖空点

股价大幅下跌，
交易量猛增

| 价格 |
| 80 |
| 70 |
| 60 |
| 50 |
| 45 |
| 38 |
| 34 |
| 30 |
| 26 |
| 24 |
| 22 |
| 19 |
| 17 |
| 15 |
| 13 |
| 12 |
| 11 |
| 10 |
| 9 |
| 8 |
| 7 |
| 6 |
| 5 |
| 4.5 |
| 3.8 |
| 3.4 |

成交量
56,000
32,000
18,000

68年3月 68年6月 68年9月 68年12月 69年3月 69年6月 69年9月 69年12月 70年3月 70年6月 70年9月 70年12月

美国博士伦公司（Bausch & Lomb, Inc.）周线图

A−B−C头肩顶

股价跌破50日
移动均线，成
易量增加，最
佳的卖空点

C

B

A

反弹至阻力线

股价大幅下跌

成交量猛增

价格
190
170
150
130
120
110
100
90
80
70
60
50
45
38
34
30
26
24
22
19
17
15
13
12
11
10
9
8

成交量
420,000
160,000
60,000
20,000

70年3月 | 70年6月 | 70年9月 | 70年12月 | 71年3月 | 71年6月 | 71年9月 | 71年12月 | 72年3月 | 72年6月 | 72年9月 | 72年12月

美国莱维兹家具公司（Levitz Corp.）周线图

A-B-C头肩顶

股价跌破50日移动均
线，交易量增加，最
佳的卖空点

两次反
弹无力

股价下跌，
成交量增大

带柄匙状底，连
续三周下跌量猛增

成交量

价格
90
80
70
60
50
45
38
34
30
26
24
22
19
17
15
13
11
10
9
8
7
6
5
4.5
4.0

780,000
400,000
200,000

70年9月 | 70年12月 | 71年3月 | 71年6月 | 71年9月 | 71年12月 | 72年3月 | 72年6月 | 72年9月 | 72年12月 | 73年3月 | 73年6月

美国温尼巴格工业公司（Winnebago Industries, Inc.）周线图

A-B-C头肩顶

两次反弹越过50日移动均线

第一次反弹，越过50日移动均线失败，交易量猛增，最佳的卖空点

反弹至50日移动均线失败，交易量猛增，第二次卖空点

股价与前一次底点相切，从50日移动均线下跌20%，最佳的补空点

股价与前一底部相切，大幅反弹，操作卖空为时尚早

A　B　C

① ②

价格
80
60
50
45
38
34
30
26
24
22
19
17
15
13
12
11
10
9
8
7
6
5
4.5
4.0
3.6
3.2
2.8

成交量
160,000
60,000
20,000

71年3月　71年6月　71年9月　71年12月　72年3月　72年6月　72年9月　72年12月　73年3月　73年6月　73年9月　73年12月

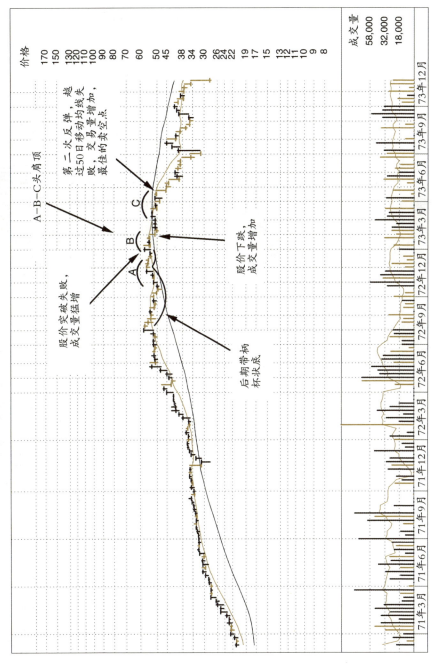

美国奈特瑞德报业集团（Knight-Ridder, Inc.）周线图

A-B-C头顶

第二次反弹，越过50日移动均线失败，交易量增加，最佳的卖空点

股价突破失败，成交量猛增

后期带柄杯状底

股价下跌，成交量增加

价格
170
150
130
120
110
100
90
80
70
60
50
45
38
34
30
26
24
22
19
17
15
13
12
11
10
9
8

成交量
58,000
32,000
18,000

71年3月 71年6月 71年9月 71年12月 72年3月 72年6月 72年9月 72年12月 73年3月 73年6月 73年9月 73年12月

华特迪士尼公司（Walt Disney Company）周线图

A-B-C头肩顶

第三阶段带柄杯状底

第四次反弹越过50日移动均线失败，交易量猛增，最佳的卖空点。

美国布伦斯威克公司（Brunswick Corp.）周线图

股价试图从后期弟突破，交易量萎缩

大成交量，筑底失败，最佳的卖空点

股价跌破50日移动均线，成交量增加，第二个最佳的卖空点，碰巧与大盘指数顶峰重合

后期双底，仅用三周即形成第一个底部，且第二个没有低于第一个

股价下跌成交量猛增

价格
140
130
120
110
100
90
80
70
60
50
45
38
34
30
26
24
22
19
17
15
13
12
11
10
9
8
7
6

成交量
326,000
138,000
58,000
24,000

71年3月　71年6月　71年9月　71年12月　72年3月　72年6月　72年9月　72年12月　73年3月　73年6月　73年9月　73年12月

美国科夫曼博得家居公司（Kaufman & Broad, Inc.）周线图

美国来爱德零售集团（Rite Aid Corp.）周线图

A-B-C头肩顶

三次反弹越过50日移动均线

第三次反弹后，股价反转，高量，最佳卖空点

第二周反弹失败

股价下跌，筑底失败，高成交量

后期带柄杯状底

价格
90
80
70
60
50
45
38
34
30
26
24
22
19
17
15
13
12
11
10
9
8
7
6
5
4.5
4.0
3.6

成交量
156,000
64,000
26,000

71年9月 71年12月 72年3月 72年6月 72年9月 72年12月 73年3月 73年6月 73年9月 73年12月 74年3月 74年6月

环球航空公司（Transworld Airlines, Inc.）周线图

A—B—C头肩顶

股价遇到200日移动均线时受阻，开始逆转，跳破50日移动均线，两个最佳的卖空点

A
B
C

价格
50
45
38
34
30
26
24
22
19
17
15
13
12
11
10
9
8
7
6
5
4.5
3.8
3.4
3.0
2.6
2.4
2.2
2.0

成交量
700,000
380,000
200,000

71年9月 | 71年12月 | 72年3月 | 72年6月 | 72年9月 | 72年12月 | 73年3月 | 73年6月 | 73年9月 | 73年12月 | 74年3月 | 74年6月

美国银行（Bank of America Corp.）周线图

三次反弹越过50日移动均线

A–B–C头肩顶

第三次反弹越过50日移动均线后，股价跌破50日移动均线，成交量猛增，最佳的卖空点

反弹无力

股价大幅下跌

	价格
	90
	80
	70
	60
	50
	45
	38
	34
	30
	26
	24
	22
	19
	17
	15
	13
	12
	11
	10
	9
	8
	7
	6
	5
	4.5
	4.0
	3.6

	成交量
	72,000
	38,000
	20,000

72年3月 72年6月 72年9月 72年12月 73年3月 73年6月 73年9月 73年12月 74年3月 74年6月 74年9月 74年12月

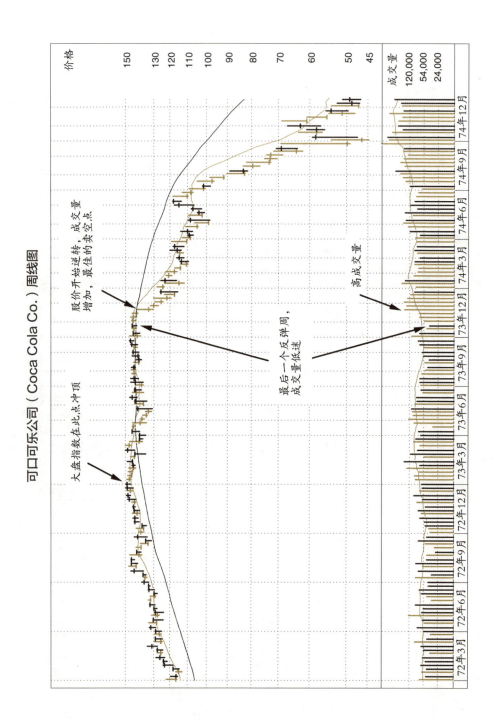

可口可乐公司（Coca Cola Co.）周线图

美国高乐氏家用产品公司（Clorox Co.）周线图

A−B−C头肩顶

股价跌破50日移动均线，成交量猛增，最佳的卖空点

反弹无力

股价大幅下跌

美国医迪电子公司（Meditronic, Inc.）周线图

价格
180
170
150
130
120
110
100
90
80
70
60
50
45
38
34
30
26
24
22
19
17
15
13
12
11
10
9
8

第三次反弹后，跌破50日移动均线，成交量猛增，最佳的卖空点

③
②①

筑底失败

反弹无力

底部形态中，股价下跌成交量大幅增加

后期残缺的带柄杯状底

反弹时，股价上涨成交量萎缩

成交量
72,000
38,000
20,000

72年6月 72年9月 72年12月 73年3月 73年6月 73年9月 73年12月 74年3月 74年6月 74年9月 74年12月

美国国家半导体公司（National Semiconductor Corp.）周线图

A–B–C头肩顶

终极顶部

B

A

C

①

②

第二次反弹越过
50日移动逆转均线50
股价移动均破线，成
日移量猛增，最佳
交易量增，成
卖空点

第二次反弹越过50日移
动均线，交易量萎缩

价格
80
70
60
50
45
38
34
30
26
24
22
19
17
15
13
12
11
10
9
8
7
6
5
4.5
4.0
3.6
3.2

成交量
420,000
160,000
60,000
20,000

72年6月 72年9月 73年3月 73年6月 73年9月 73年12月 74年3月 74年6月 74年9月 74年12月

美国施耐宝公司（Snap-On, Inc.）周线图

第三次反弹越过50日移动均线后，股价逆转跌破50日移动均线，股成交量增加，最佳卖空点

① ② ③

股价下跌，成交量增加

后期残缺的带柄杯状底

价格
170
150
130
120
110
100
90
80
70
60
50
45
38
34
30
26
24
22
19
17
15
13
12
11
10
9
8

成交量
62,000
34,000
18,000

72年6月　72年9月　72年12月　73年3月　73年6月　73年9月　73年12月　74年3月　74年6月　74年9月　74年12月

温蒂国际快餐公司（Wendy's International, Inc.）周线图

价格

成交量

终极顶部

后期突破失败

筑底失败，大成交量，最佳的卖空点

上升趋势以来，第四阶段带柄杯状底

大成交量

AMD公司（Advanced Micro Devices, Inc.）周线图

A−B−C头肩顶

终极顶部

价格

80
70
60
50
45
38
34
30
26
24
22
19
17
15
13
12
11
10
9
8
7
6
5
4.5
3.8
3.4

成交量
420,000
160,000
60,000
20,000

股价逆转跌
破50日移动
均线，成交
量增加，最
佳卖空点

股价下跌，
成交量增加

79年3月　79年6月　79年9月　79年12月　80年3月　80年6月　80年9月　80年12月　81年3月　81年6月　81年9月

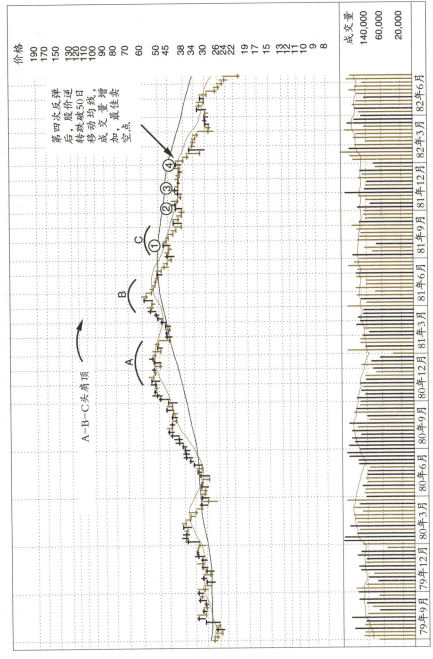

美国哈里斯公司（Harris Corp.）周线图

A-B-C头肩顶

A

B

C

① ② ③ ④

第四次反弹后，股价逆转跌破50日移动均线，成交量增加，最佳卖空点。

价格
190
170
150
130
120
110
100
90
80
70
60
50
45
38
34
30
26
24
22
19
17
15
13
11
10
9
8

成交量
140,000
60,000
20,000

79年9月　79年12月　80年3月　80年6月　80年9月　80年12月　81年3月　81年6月　81年9月　81年12月　82年3月　82年6月

美国海里姆斯贝恩石油天然气公司（Helmerich & Payne, Inc.）周线图

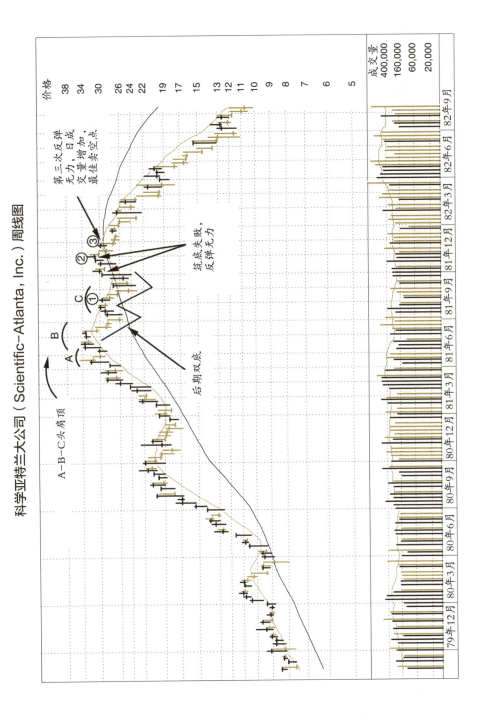

科学亚特兰大公司（Scientific-Atlanta, Inc.）周线图

家用仓储公司（Home Depot, Inc.）周线图

A–B–C头肩顶

筑底失败，高成交量

A

B

C

股价逆转下跌
破50日移动
均线，增加
交量，最佳卖空点

股价下跌，
高成交量

反弹越过50日
移动均线，低
成交量

价格
38
34
30
26
24
22
19
17
15
13
12
11
10
9
8
7
6

5
4.5

3.8
3.4

3.0

2.6
2.4
2.2
2.0
1.8
1.6
1.4

成交量
920,000
540,000
320,000
180,000

81年6月 81年9月 81年12月 82年3月 82年6月 82年9月 82年12月 83年3月 83年6月 83年9月 83年12月 84年3月

弗利特伍德产业公司（Fleetwood Enterprises, Inc.）周线图

价格
50
45
38
34
30
26
24
22
19
17
15
13
12
11
10
9
8
7
6
5
4.5
3.8

突破失败，交易量增加

小量反弹失败后，股价跌破50日移动均线，成交量增加，最佳卖空点

股价突破前一底部低点，错误的卖空点

股价突破，成交量极低

后期带柄杯状底

后期底部突破，成交量极低

成交量
980,000
560,000
320,000
180,000

小量反弹至50日移动均线

81年9月 81年12月 82年3月 82年6月 82年9月 82年12月 83年3月 83年6月 83年9月 83年12月 84年3月 84年6月 84年9月

美国帕尔迪房屋公司（Pulte Homes, Inc.）周线图

耐克公司（Nike, Inc.）周线图

A-B-C头肩顶

股价跌破50日移动均线，成交量增加，最佳卖空点

第三次反弹后，股价跌破50日移动均线，成交量增加，第二次最佳卖空点

股价与前一底点即支撑点相切，最佳补空点

股价下跌，交易量增加

前一底点即支撑点

价格	成交量
38	
34	
30	1,520,000
26	780,000
24	400,000
22	200,000
19	
17	
15	
13	
12	
11	
10	
9	
8	
7	

81年9月 81年12月 82年3月 82年6月 82年9月 82年12月 83年3月 83年6月 83年9月 83年12月 84年3月 84年6月 84年9月

玫琳凯化妆品公司（Mary Kay Cosmetics, Inc.）周线图

A－B－C头肩顶

反弹试图越过50日移动均线

股价跌破50日移动均线，成交量增加，最佳卖空点

股价大幅下跌，交易量增加

价格
50
45
38
34
30
26
24
22
19
17
15
13
12
11
10
9
8
7

成交量
440,000
160,000
60,000
20,000

82年3月　82年6月　82年9月　82年12月　83年3月　83年6月　83年9月　83年12月　84年3月　84年6月　84年9月　84年12月

阿多比系统公司（Adobe Systems, Inc.）周线图

A−B−C头肩顶

第二次反弹后，
股价跌破50日
移动均线，成
交量增加，最
佳卖空点

股价下跌，
交易量增加

价格
70
60
50
45
38
34
30
26
24
22
19
17
15
13
12
11
10
9
8
7
6
5
4.5
4.0
3.6

成交量
1,120,000
620,000
340,000
180,000

85年3月　85年6月　85年9月　85年12月　86年3月　86年6月　86年9月　86年12月　87年3月　87年6月　87年9月　87年12月

奇隆生物技术公司（Chiron Corp.）周线图

A–B–C头肩顶

A

B

C

反弹无力

股价下跌，成交量增加

股价上涨两周，交易量萎缩

股价跌破50日移动均线，成交量增加，最佳卖空点

锐步国际有限公司（Reebok International Ltd.）周线图

价格

30
26
24
22
19
17
15
13
12
11
10
9
8
7
6
5
4.5
3.8
3.4
3.0

终极顶部

第三阶段底部

股价跌破50日移动
均线，成交量增加，
最佳卖空点

在第三阶段底部，下跌交易
量开始超过上升交易量

成交量

5,000,000
1,800,000
600,000
200,000

85年3月　85年6月　85年9月　85年12月　86年3月　86年6月　86年9月　86年12月　87年3月　87年6月　87年9月　87年12月

希尔顿饭店（Hilton Hotels Corp.）周线图

价格
130
120
110
100
90
80
70
60
50
45
38
34
30
26
24

A−B−C头肩顶

低交易量突破

反弹无力

反弹越过50日移动均线失败

C

B

A

后期筑底失败

股价大幅跌破200日移动均线，最佳卖空点

交易量增加

成交量
3,360,000
1,400,000
580,000
240,000

87年12月 88年3月 88年6月 88年9月 88年12月 89年3月 89年6月 89年9月 89年12月 90年3月 90年6月 90年9月

计算机联合国际公司（Computer Associates International, Inc.）周线图

A－B－C头顶

反弹试图越过50日移动均线
失败，交易量增加，最佳卖空点
形势逆
转，最佳卖空点。

反弹无力，收盘时低于50日
移动均线，最佳卖空点

股价下跌，交易量增加

价格
26
24
22
19
17
15
13
12
11
10
9
8
7
6
5
4.5
3.8

成交量
4,200,000
1,600,000
600,000
200,000

87年12月 88年3月 88年6月 88年9月 88年12月 89年3月 89年6月 89年9月 89年12月 90年3月 90年6月 90年9月

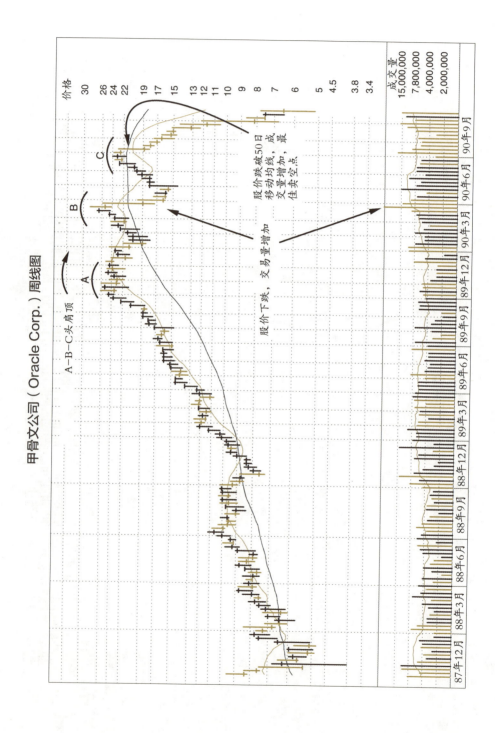

甲骨文公司（Oracle Corp.）周线图

A-B-C头肩顶

A　B　C

价格
30
26
24
22
19
17
15
13
12
11
10
9
8
7
6
5
4.5
3.8
3.4

股价跌破50日
移动均线，成
交量增加，最
佳卖空点

股价下跌，交易量增加

成交量
15,000,000
7,800,000
4,000,000
2,000,000

87年12月　88年3月　88年6月　88年9月　88年12月　89年3月　89年6月　89年9月　89年12月　90年3月　90年6月　90年9月

美国罗杰斯通信公司（Rogers Communications, Inc.）周线图

低成交量，后期突破

A－B－C头肩顶

股价跌破50日移动均线，成交量增加，最佳卖空点

股价下跌，交易量增加

低成交量突破

价格	成交量
19	960,000
17	280,000
15	80,000
13	20,000
12	
11	
10	
9	
8	
7	
6	
5	
4.5	
3.8	
3.4	
3.0	
2.6	
2.4	
2.2	
1.9	
1.7	

87年12月　88年3月　88年6月　88年9月　88年12月　89年3月　89年6月　89年9月　89年12月　90年3月　90年6月　90年9月　90年12月

微波通讯公司（MCI Communications, Inc）周线图

股价突破失败，下跌交易量大

反弹无力

股价跌破50日移动均线，下跌成交量增加，最佳卖空点。

股价跌破50日移动均线，成交量增加，最佳卖空点

后期带柄杯状底，杯柄在杯右侧中部形成，即残缺底

股价下跌成交量增加

价格
60
50
45
38
34
30
26
24
22
19
17
15
13
12
11
10
9
8
7

成交量
13,800,000
7,200,000
3,800,000
2,000,000

88年3月　88年6月　88年9月　88年12月　89年3月　89年6月　89年9月　89年12月　90年3月　90年6月　90年9月　90年12月

美国外科公司（US Surgical Corp.）周线图

英特维公司（Intervoice, Inc.）周线图

A-B-C头肩顶

终极顶部

B

A

C

第一次反弹无力，放量越过50日移动平均线；第二次反弹支易量减少

第三次反弹失败后，股价下跌，量增加，最佳卖空点

价格
24
22
19
17
15
13
12
11
10
9
8
7
6
5
4.5
3.8
3.4
3.0
2.6
2.4
2.2

成交量
2,680,000
1,200,000
540,000
240,000

| 91年9月 | 91年12月 | 92年3月 | 92年6月 | 92年9月 | 92年12月 | 93年3月 | 93年6月 | 93年9月 | 93年12月 | 94年3月 | 94年6月 |

美国艺电有限公司（Electronic Arts, Inc.）周线图

A-B-C头肩顶

股价跌破50日移动均线，
成交量增加，最佳卖空点。

A
B
C

反弹越过50日移动均线，低成交量

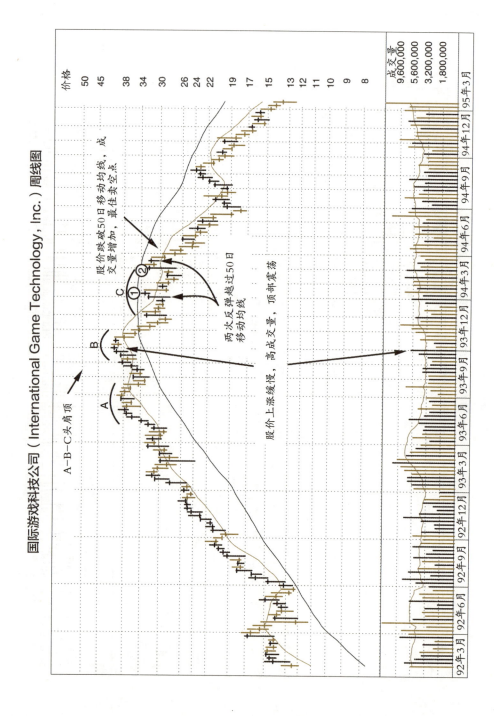

国际游戏科技公司（International Game Technology, Inc.）周线图

A-B-C头肩顶

股价跌破50日移动均线，成交量增加，最佳卖空点

两次反弹越过50日移动均线

股价上涨缓慢，高成交量，顶部震荡

价格
50
45
38
34
30
26
24
22
19
17
15
13
12
11
10
9
8

成交量
9,600,000
5,600,000
3,200,000
1,800,000

92年3月　92年6月　92年9月　92年12月　93年3月　93年6月　93年9月　93年12月　94年3月　94年6月　94年9月　94年12月　95年3月

芯成半导体有限公司（Integrated Silicon Solution, Inc.）周线图

A−B−C头肩顶

反弹至50日移动均线，成交量增加，最佳卖空点

股价逆转

新股发行每股13美元

价格
170
150
130
120
110
100
90
80
70
60
50
45
38
34
30
26
24
22
19
17
15
13
12
11
10
9
8
7

成交量
4,000,000
1,600,000
600,000
200,000

93年6月 | 93年9月 | 93年12月 | 94年3月 | 94年6月 | 94年9月 | 94年12月 | 95年3月 | 95年6月 | 95年9月 | 95年12月 | 96年3月

百思买股份有限公司（Best Buy Co., Inc.）周线图

A－B－C头肩顶

股价跌破50日移动均线，成交量增加，最佳卖空点

第三次反弹后，股价跌破50日移动均线，成交量增加，最佳卖空点

三次反弹越过50日移动均线

股价下跌，成交量增加

价格
60
50
45
38
34
30
26
24
22
19
17
15
13
12
11
10
9

成交量
4,200,000
1,600,000
600,000
200,000

93年3月 93年6月 93年9月 93年12月 94年3月 94年6月 94年9月 94年12月 95年3月 95年6月 95年9月 95年12月 96年3月

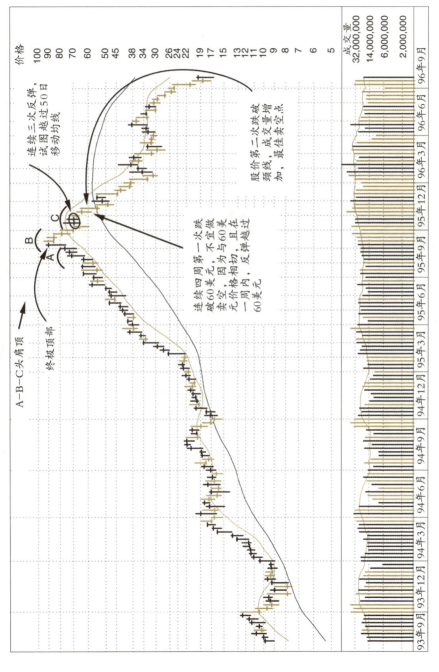

美光科技公司（Micron Technology, Inc.）周线图

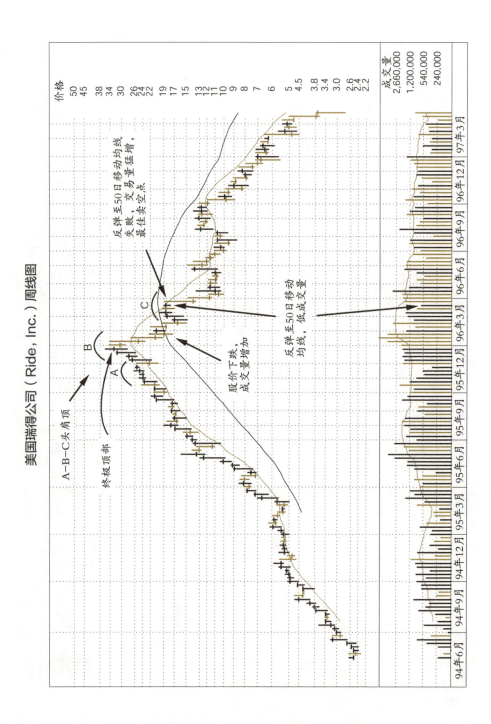

美国瑞得公司（Ride, Inc.）周线图

A-B-C头肩顶

终极顶部

反弹至50日移动均线
失败，最佳卖空点

股价下跌，
成交量增加

反弹至50日移动
均线，低成交量

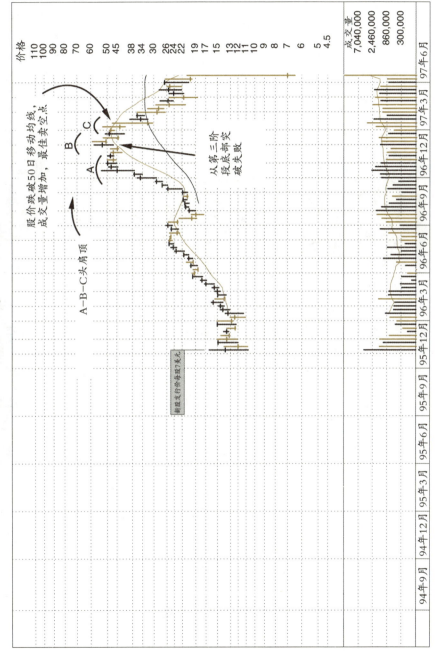

美国克利凡公司（Clarify, Inc.）周线图

A–B–C头肩顶

股价跌破50日移动均线，成交量增加，最佳卖空点

B
A C

从第三阶段底部突破失败

新股发行价每股7美元

价格
110
100
90
80
70
60
50
45
38
34
30
26
24
22
19
17
15
13
12
11
10
9
8
7
6
5
4.5

成交量
7,040,000
2,460,000
860,000
300,000

94年9月 94年12月 95年3月 95年6月 95年9月 95年12月 96年3月 96年6月 96年9月 96年12月 97年3月 97年6月

美国建利尔科技公司（Glenayre Technologies, Inc.）周线图

A-B-C头肩顶

股价试图突破，交易量极低

股价突破失败后，反弹至50日移动均线，可能的卖空点

反弹至200日移动均线，量萎缩，最佳卖空点

宽口、松散、残缺的后期底部结构

美国迈科股份有限公司（Macromedia, Inc.）周线图

A-B-C头肩顶

三次反弹越过50日移动均线

股价跌破50日移动均线，成交量增加，最佳卖空点

宽口、松散的后期底部形态

第一次反弹至50日移动均线失败

A B C ① ② ③

价格
70
60
50
45
38
34
30
26
24
22
19
17
15
13
12
11
10
9
8
7
6
5
4.5
3.8
3.4

成交量
11,200,000
6,200,000
3,400,000
1,800,000

94年6月 94年9月 95年6月 95年9月 95年12月 96年3月 96年6月 96年9月 96年12月 97年3月 97年6月

美国培尔根公司（Pairgain Technologies, Inc.）周线图

价格
50
45
38
34
30
26
24
22
19
17
15
13
12
11
10
9
8
7
6
5
4.5
3.8
3.4
3.0
2.6
2.4
2.2
2.0

成交量
15,800,000
8,000,000
4,000,000
2,000,000

筑底失败，高成交量

C

B

A

在高成交量筑底失败后，反弹至50日移动均线，可能的卖空点

反弹至50日移动均线失败，成交量增加，最佳的卖空点

后期带柄杯状底

94年9月　94年12月　95年3月　95年6月　95年9月　95年12月　96年3月　96年6月　96年9月　96年12月　97年3月　97年6月

艾米金融公司（Aames Financial Corp.）周线图

第一次反弹越过50日移动均线，随即失败

第一次反弹显疲软，第二次反弹量萎缩，交易量增加，最佳卖空点

股价跌破50日移动均线，成交量增加，最佳卖空点

A B C ① ②

股价从顶点大幅下跌

价格
60
50
45
38
34
30
26
24
22
19
17
15
13
12
11
10
9
8
7
6
5
4.5
3.8
3.4
3.0
2.6

成交量
4,200,000
1,600,000
600,000
200,000

95年3月 | 95年6月 | 95年9月 | 95年12月 | 96年3月 | 96年6月 | 96年9月 | 96年12月 | 97年3月 | 97年6月 | 97年9月 | 97年12月

恒升通信公司（Ascend Communications, Inc.）周线图

A-B-C头肩顶

两次突破50日移动均线的反弹表现出反弹无力的迹象

股价跌破50日均线，同时成交量飙升，最佳卖空点

后期带柄杯形曲线

价格
100
90
80
70
60
50
45
38
34
30
26
24
22
19
17
15
13
12
11
10
9
8
7
6
5
4.5
4.0
3.6
3.2

成交量
38,000,000
16,000,000
6,000,000
2,000,000

95年3月　95年6月　95年9月　95年12月　96年3月　96年6月　96年9月　96年12月　97年3月　97年6月　97年9月　97年12月

米勒工业公司（Miller Industries, Inc.）周线图

A-B-C头肩顶

B

A

C

重回50日移动均
线的三次反弹

在第三次反弹
后股价跌破50
日移动均线，
而成交量放大。

最佳卖空点

① ② ③

股票价格大幅跳水

价格	
70	
60	
50	
45	
38	
34	
30	
26	
24	
22	
19	
17	
15	
13	
12	
11	
10	
9	
8	
7	
6	
5	
4.5	
4.0	
3.6	
3.2	
2.8	

成交量	
4,180,000	
1,660,000	
660,000	
260,000	

95年6月 95年9月 95年12月 96年3月 96年6月 96年9月 96年12月 97年3月 97年6月 97年9月 97年12月 98年3月

切萨皮克能源公司（Chesapeake Energy Corp.）周线图

数周的放量成交呈现下滑趋势

低成交量的价格上扬

股价跌破50日移动均线而成交放量，最佳卖空点。

股价放量下挫

后期带柄杯形曲线

价格
50
45
38
34
30
26
24
22
19
17
15
13
12
11
10
9
8
7
6
5
4.5
3.8
3.4
3.0
2.6
2.4
2.2
2.0

成交量
5,600,000
3,200,000
1,800,000

95年12月 96年3月 96年6月 96年9月 96年12月 97年3月 97年6月 97年9月 97年12月 98年3月 98年6月 98年9月

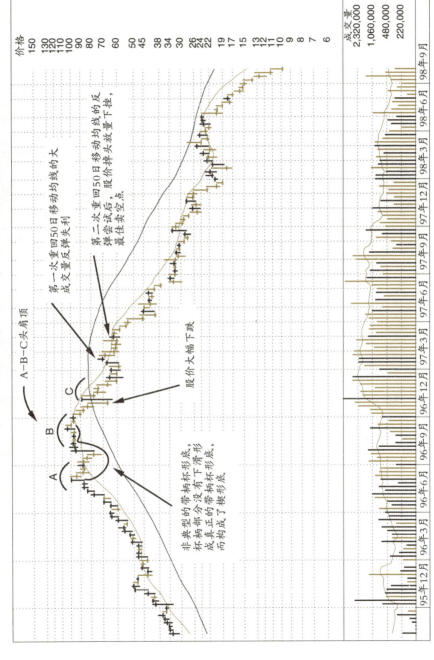

斐乐控股SPA广告公司（Fila Holdings SPA Ads）周线图

A−B−C头肩顶

第一次重回50日移动均线的大成交量反弹失利

第二次重回50日移动均线的反弹尝试后，股价掉头放量下挫，最佳卖空点

股价大幅下跌

非典型的带柄杯形底，杯柄部分没有下滑形成真正的带柄杯形底，而构成了楔形底

价格
150
130
120
110
100
90
80
70
60

50
45

38
34
30

26
24
22

19
17
15

13
12
11
10

9

8

7

6

成交量
2,320,000
1,060,000
480,000
220,000

95年12月 96年3月 96年6月 96年9月 96年12月 97年3月 97年6月 97年9月 97年12月 98年3月 98年6月 98年9月

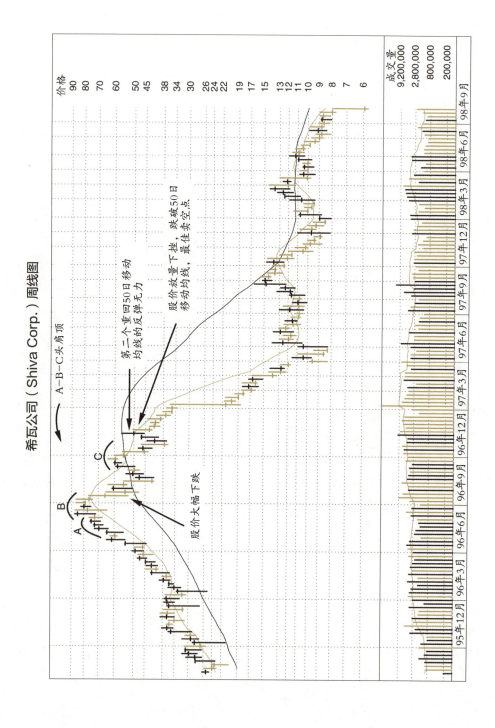

希瓦公司（Shiva Corp.）周线图

A–B–C头肩顶

第二个重回50日移动
均线的反弹无力

股价放量下挫，跌破50日
移动均线，最佳卖空点

股价大幅下跌

价格
90
80
70
60
50
45
38
34
30
26
24
22
19
17
15
13
12
11
10
9
8
7
6

成交量
9,200,000
2,800,000
800,000
200,000

95年12月 96年3月 96年6月 96年9月 96年12月 97年3月 97年6月 97年9月 97年12月 98年3月 98年6月 98年9月

APAC客户服务公司（APAC Customer Services, Inc.）周线图

A—B—C头肩顶

在第三次反弹重回50日移动均线后，股价急剧放量下挫，跌破50日移动均线，最佳卖空点。

价格
60
50
45
38
34
30
26
24
22
19
17
15
13
12
11
10
9
8
7
6
5
4.5
3.8
3.4
3.0

成交量
5,940,000
2,160,000
780,000
280,000

95年12月 96年3月 96年6月 96年9月 96年12月 97年3月 97年6月 97年9月 97年12月 98年3月 98年6月 98年9月

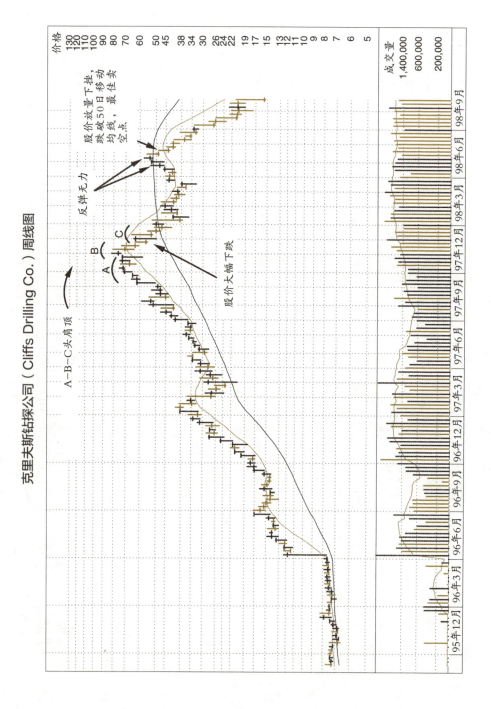

克里夫斯钻探公司（Cliffs Drilling Co.）周线图

A—B—C头肩顶

反弹无力

股价放量下挫，跌破50日移动均线，最佳卖空点

股价大幅下跌

价格

成交量

史密斯国际公司（Smith International, Inc.）周线图

A-B-C头肩顶

三次重回50日移动
均线的股价反弹

注意头两次重
回50日移动均
线的反弹无力

股价放量下挫，跌破50日
移动均线，最佳卖空点

价格
100
90
80
70
60
50
45
38
34
30
26
24
22
19
17
15
13
12

成交量
3,000,000
1,400,000
600,000
200,000

95年12月 96年3月 96年6月 96年9月 96年12月 97年3月 97年6月 97年9月 97年12月 98年3月 98年6月 98年9月

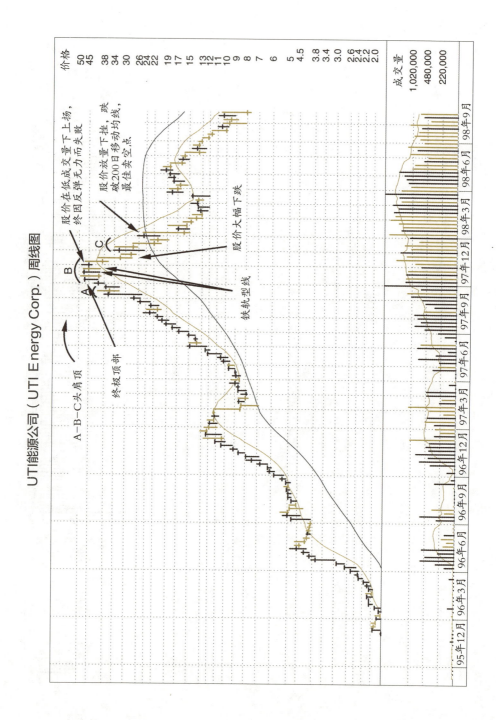

UTI能源公司（UTI Energy Corp.）周线图

价格

A-B-C头肩顶

终极顶部

股价在低成交量下上扬，
终因反弹无力而失败

股价放量下挫，跌
破200日移动均线，
最佳卖空点

股价大幅下跌

铁轨型线

B

A

C

成交量

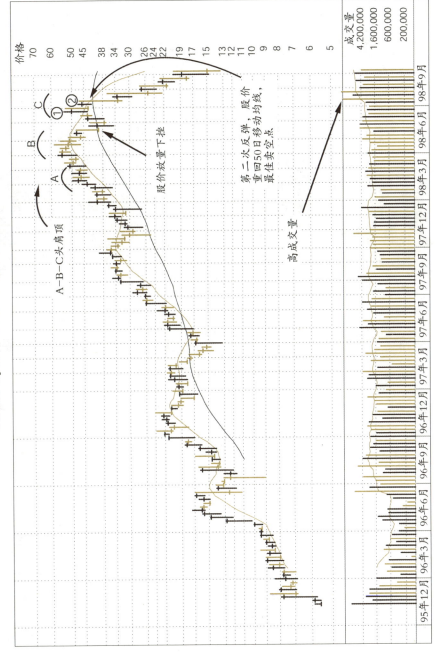

Saville Systems PLC ADR. 周线图

价格

70
60
50
45
38
34
30
26
24
22
19
17
15
13
12
11
10
9
8
7
6
5

C
② ①
B
A

A-B-C头肩顶

股价放量下挫

第二次反弹，股价
重回50日移动均线，
最佳卖空点

高成交量

成交量
4,200,000
1,600,000
600,000
200,000

95年12月 96年3月 96年6月 96年9月 96年12月 97年3月 97年6月 97年9月 97年12月 98年3月 98年6月 98年9月

Triad担保公司（Triad Guaranty, Inc.）周线图

价格
110
100
90
80
70
60
50
45
38
34
30
26
24
22
19
17
15
13
12
11
10
9
8
7
6
5
4.5

成交量
336,000
140,000
58,000
24,000

A-B-C头肩顶

第三次反弹尝试失败

C

B

A

低成交量反弹以失败告终

股价放量下挫，跌破50日移动均线，最佳卖空点

低成交量

96年3月 96年6月 96年9月 96年12月 97年3月 97年6月 97年9月 97年12月 98年3月 98年6月 98年9月 98年12月

PART 3

— 146 —

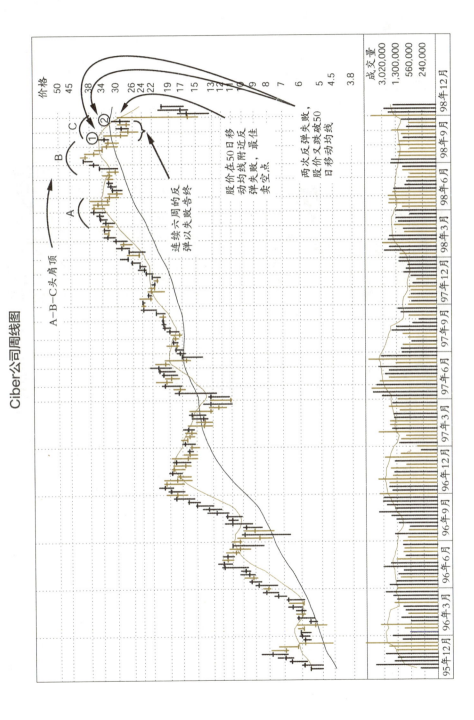

Ciber公司周线图

A-B-C头肩顶

A B C

① ②

连续六周的反弹以失败告终

股价在50日移动均线附近反弹失败，最佳卖空点

两次反弹失败，股价又跌破50日移动均线

价格
50
45
38
34
30
26
24
22
19
17
15
13
12
11
10
9
8
7
6
5
4.5
3.8

成交量
3,020,000
1,300,000
560,000
240,000

95年12月 96年3月 96年6月 96年9月 96年12月 97年3月 97年6月 97年9月 97年12月 98年3月 98年6月 98年9月 98年12月

剑桥科技公司（Cambridge Technology, Inc.）周线图

股价企图回到200日移动
均线失败，最佳卖空点

A-B-C头肩顶

A

B

C

价格

150
130
120
110
100
90
80
70
60

50
45

38
34
30

26
24
22

19
17
15

13
12
11
10
9
8
7
6

成交量

7,200,000

3,800,000

2,000,000

96年3月 96年6月 96年9月 96年12月 97年3月 97年6月 97年9月 97年12月 98年3月 98年6月 98年9月 98年12月

Baan全球（Baan Company NV）周线图

A-B-C头肩顶

股价从峰值放量下滑

股价反弹，转而下挫，跌破50日移动均线，最佳卖空点

第一周伴随高成交量的反弹无力

人软公司（Peoplesoft, Inc.）周线图

后期筑底失败，成交量剧增，是一个卖空时机

后期底部成交量最大的两周，股价下滑

反弹无力

反弹无力

股价放量下挫，跌破50日移动均线，形成第二次卖空时机

股价上扬过程中，成交量低迷

价格	成交量
150	40,000,000
130	16,000,000
120	
110	
100	
90	
80	6,000,000
70	
60	
50	2,000,000
45	
38	
34	
30	
26	
24	
22	
19	
17	
15	
13	
12	
11	
10	
9	
8	
7	
6	

96年9月　96年12月　97年3月　97年6月　97年9月　97年12月　98年3月　98年6月　98年9月　98年12月　99年3月　99年6月

麦卡森公司（Mckesson Corp.）周线图

A-B-C头肩顶

第三次股价反弹，重回50日移动均线

三周的楔形反弹

两次反弹，股价重回50日移动均线

股价反弹重回50日移动均线，而后杀下挫，最佳卖空点

股价放量下挫

成交量萎缩，股价上扬冲破50日移动均线

价格

260
240
220
190
170
150
130
120
110
100
90
80
70
60
50
45
38
34
30
26
24
22
19
17
15
13
12
11
10

成交量

13,800,000
5,800,000
2,400,000

97年3月 97年6月 97年9月 97年12月 98年3月 98年6月 98年9月 98年12月 99年3月 99年6月 99年9月 99年12月

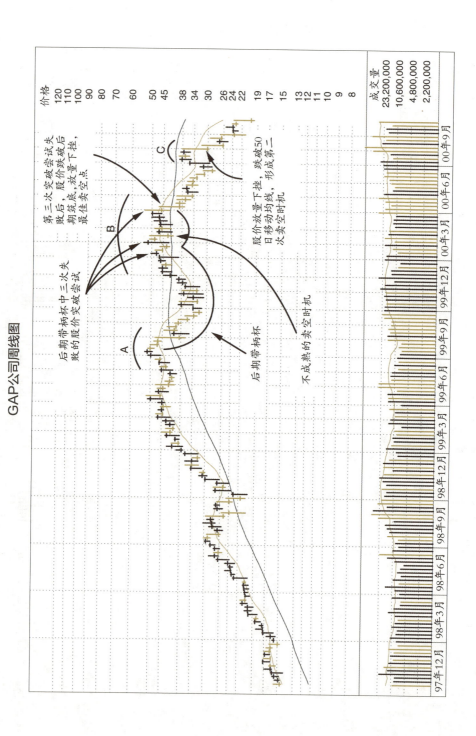

GAP公司周线图

后期带柄杯中三次失
败的股价突破尝试

第三次突破尝试失
败后，股价跌破后
期杯底，放量下挫，
最佳卖空点

后期带柄杯

不成熟的卖空时机

股价放量下挫，跌破50
日移动均线，形成第二
次卖空时机

价格
120
110
100
90
80
70
60
50
45
38
34
30
26
24
22
19
17
15
13
12
11
10
9
8

成交量
23,200,000
10,600,000
4,800,000
2,200,000

97年12月　98年3月　98年6月　98年9月　98年12月　99年3月　99年6月　99年9月　99年12月　00年3月　00年6月　00年9月

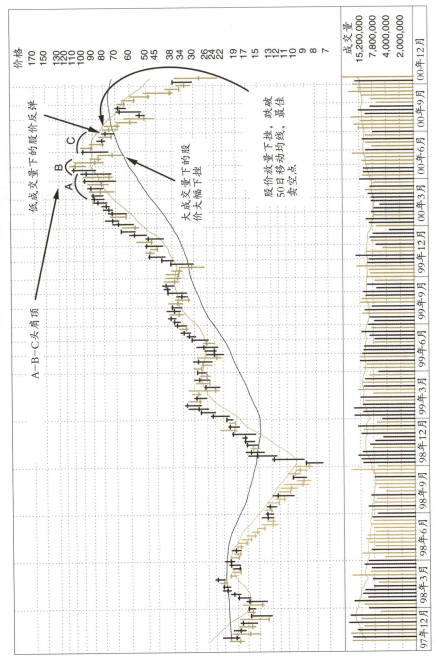

泰瑞达公司（Teradyne, Inc.）周线图

A－B－C头肩顶

低成交量下的股价反弹

大成交量下的股价大幅下挫

股价放量下挫，跌破
50日移动均线，最佳
卖空点

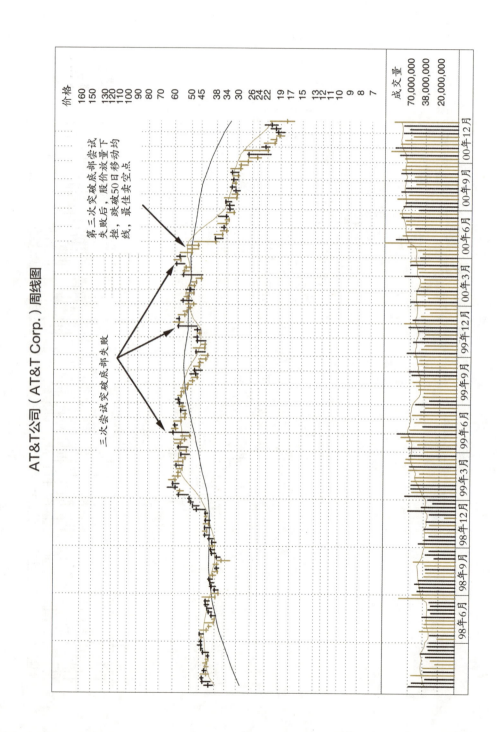

AT&T公司（AT&T Corp.）周线图

斯普林特FON集团公司（Sprint FON Group）周线图

康博软件集团公司（Compuware Corp.）周线图

BMC 软件公司（BMC Software, Inc.）周线图

A–B–C头肩顶

第三次越过50日移动
线的低成交量反弹

正确的卖
空时机

收盘价高于50日移动
均线的三次反弹

股价放量下挫

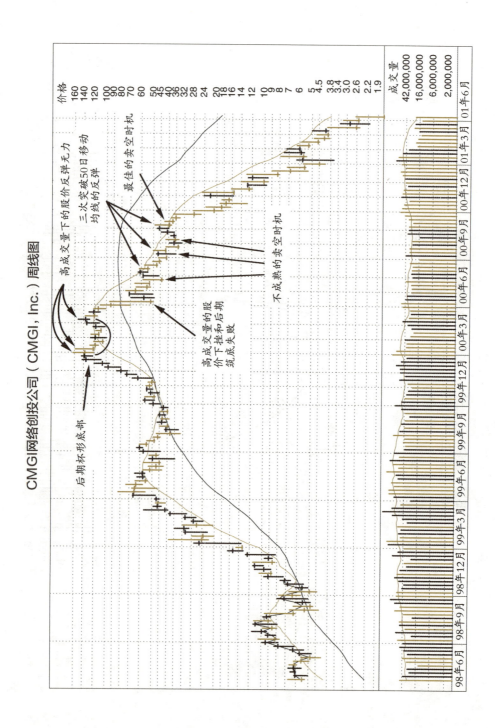

CMGI网络创投公司（CMGI, Inc.）周线图

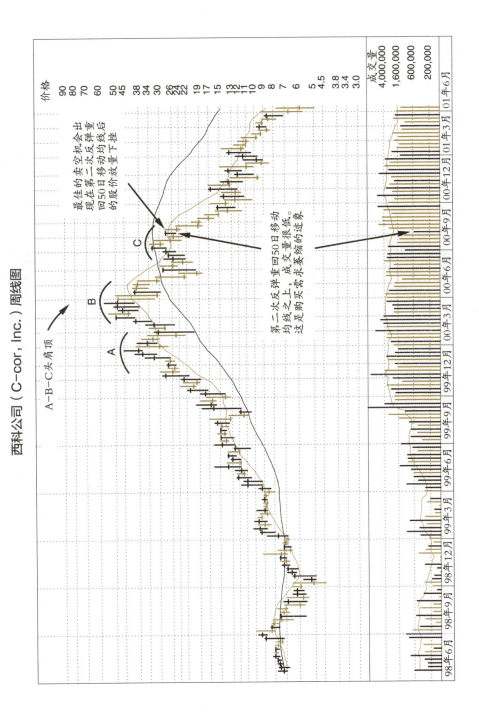

西科公司（C-cor, Inc.）周线图

A-B-C头肩顶

A

B

C

最佳的卖空机会出现在第二次反弹重回50日移动均线后的股价下挫

第二次反弹重回50日移动均线之上，成交量很低，这是购买需求萎缩的迹象

网存公司（Network Appliance, Inc.）周线图

A-B-C头肩顶

最佳的卖空时机

A
B
C

股价放量下挫

后期宽松的、残缺
的带柄杯形底

价格
170
150
130
120
110
100
90
80
70
60
50
45
38
34
30
26
24
22
19
17
15
13
12
11
10
9
8
7

成交量
42,000,000
26,000,000
16,000,000

98年9月 | 98年12月 | 99年3月 | 99年6月 | 99年9月 | 99年12月 | 00年3月 | 00年6月 | 00年9月 | 00年12月 | 01年3月 | 01年6月

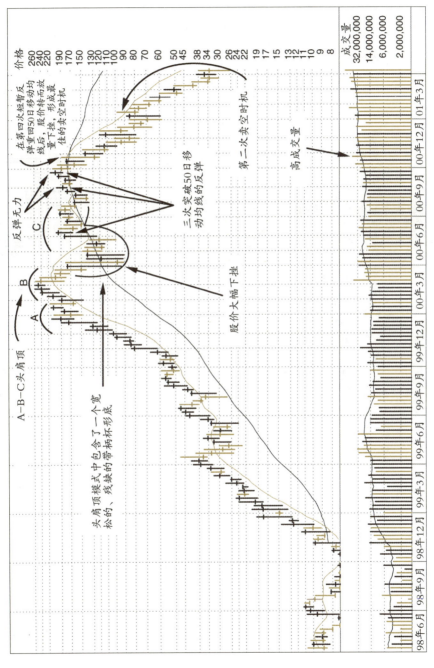

维室公司（Verisign, Inc.）周线图

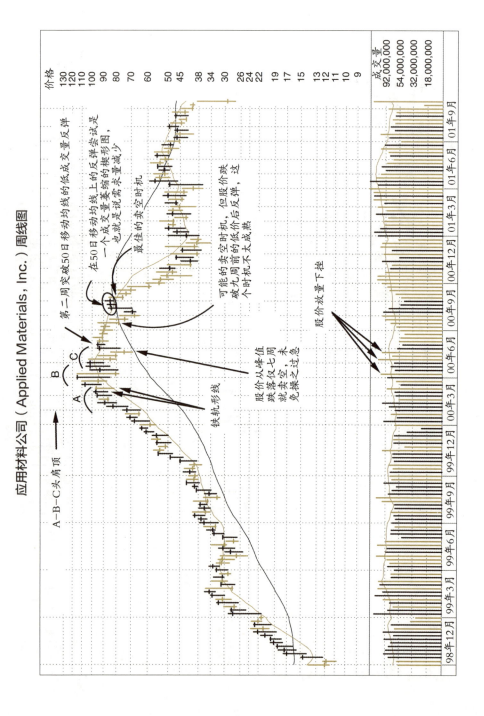

应用材料公司（Applied Materials, Inc.）周线图

A－B－C头肩顶

A

B

C

第二周突破50日移动均线的低成交量反弹

在50日移动均线上的反弹尝试是一个成交量萎缩的楔形图，也就是说需求量减少

最佳的卖空时机

可能的卖空时机，但股价低价后反弹，这个时机前的周破九成交熟

股价从峰值跌落仅七周就卖空，未免操之过急

股价放量下挫

铁轨形线

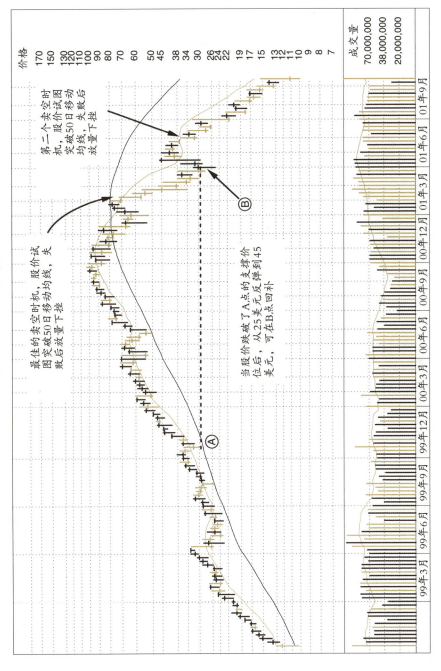

EMC集团公司（EMC Corp.）周线图

第二个卖空时机，股价试图突破50日移动均线，失败后放量下挫

最佳的卖空时机，股价试图突破50日移动均线，失败后放量下挫

当股价跌破了A点的支撑位后，从25美元反弹到45美元，可在B点回补

JDS单相机公司（JDS Uniphase Corp.）周线图

价格
170
150
130
120
110
100
90
80
70
60

50
45

38
34
30

26
24
22

19
17
15

13
12
11
10
9
8

7

成交量
94,000,000
46,000,000
22,000,000

99年3月 99年6月 99年9月 99年12月 00年3月 00年6月 00年9月 00年12月 01年3月 01年6月 01年9月

三周低成交量反弹无力

股价沿50日移动均线放量下滑，形成正确卖空时机

第二次卖空时机

后期突破筑底失败

宽松的、残缺的带柄杯形底

高成交量破筑底失败

高成交量

LSI 逻辑公司（LSI Logic Corp.）周线图

终极顶部

反弹无力

股价后期筑底失败
放量跌破50日移动
均线，最佳卖空点

宽松的、残缺的双底形
态，由于下跌过底没有
形成规则的双底形态

甲骨文公司（Oracle Corp.）周线图

Power one电源制造公司（Power One, Inc.）周线图

股价反弹到新高，而成交量萎缩，转而下跌

股价第二次突破50日移动均线的反弹失败后，转势放量下滑

V型不规则后期带柄杯形底

股价在低成交量下达到新高

科学亚特兰大公司（Scientific-Atlanta, Inc）周线图

A-B-C头肩顶

经过在峰值44周的排徊，
股价放量下挫跌破50日
移动均线，最佳卖空点

③
②
①

C
B
A

颈线处的卖空时机——过于明显

价格
120
110
100
90
80
70
60
50
45
38
34
30
26
24
22
19
17
15
13
12
11
10
9
8
7
6

成交量
16,000,000
8,000,000
4,000,000
2,000,000

98年12月 | 99年3月 | 99年6月 | 99年9月 | 99年12月 | 00年3月 | 00年6月 | 00年9月 | 00年12月 | 01年3月 | 01年6月 | 01年9月

西贝尔系统软件有限公司（Siebel Systems, Inc.）周线图

A－B－C头肩顶

B

A

C

股价突破50日移动均线后转势放量下挫，形成最佳的卖空时机

股票价格大幅下滑

颈线处过于明显的卖空时机

第二周低成交量下股价试图反弹

几次股价放量大幅下挫

价格
130
120
110
100
90
80
70
60
50
45
38
34
30
26
24
22
19
17
15
13
12
11
10
9
8
7
6
5
4.5
4.0

成交量
84,000,000
50,000,000
30,000,000
18,000,000

98年12月 99年3月 99年6月 99年9月 99年12月 00年3月 00年6月 00年9月 00年12月 01年3月 01年6月 01年9月

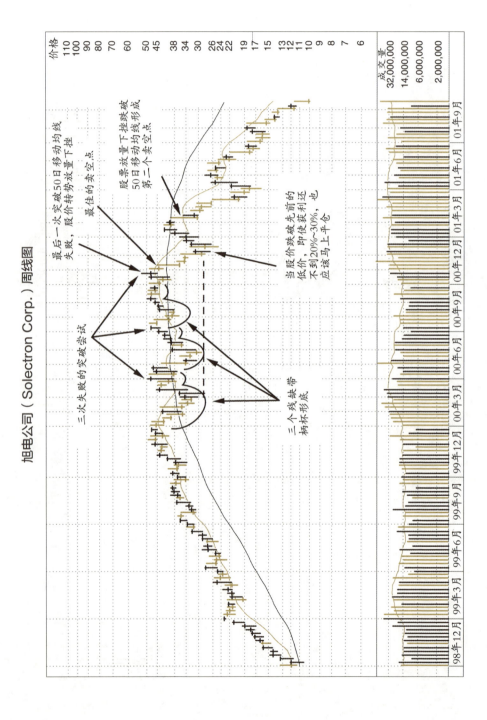

旭电公司（Solectron Corp.）周线图

太阳计算机系统公司（Sun Microsystems, Inc.）周线图

A–B–C头肩顶

B

A

后期筑底失败，
最佳卖空点

在经历了六周
的调整和两次
突破50日移动
均线的反弹
后，形成第二
个卖空点

C

大幅下滑后调
整，无力反弹

股价攀新高，而
成交量急剧萎缩

股价放量下挫

价格
100
90
80
70
60
50
45
38
34
30
26
24
22
19
17
15
13
12
11
10
9
8
7
6
5
4.5
3.8

成交量
120,000,000
54,000,000
24,000,000

99年3月　99年6月　99年9月　99年12月　00年3月　00年6月　00年9月　00年12月　01年3月　01年6月　01年9月

博科通信系统公司（Brocade Communications Systems, Inc.）周线图

A−B−C头肩顶

A　B　C

三周低成交量的反弹，股价突破50日移动均线

股价放量下挫，击破支撑线

颈线处——大过明显的夫够成熟的卖空时机，不够成熟

股价跌破50日移动均线而成交量急剧增加，最佳卖空点

低成交量的反弹尝试

价格
150
130
120
110
100
90
80
70
60
50
45
38
34
30
26
24
22
19
17
15
13
12
11
10
9
8
7
6
5
4.5

成交量
84,000,000
50,000,000
30,000,000
18,000,000

98年12月　99年3月　99年6月　99年9月　99年12月　00年3月　00年6月　00年9月　00年12月　01年3月　01年6月　01年9月

Check Point软件科技有限公司（Check Point Software Technologies Ltd）周线图

A—B—C头肩顶

三次重回50日移动均线的反弹

A B C

突破先前支撑区的大幅价格下挫

卖空为时已晚

股价第四次反弹突破50日移动均线，继而放置下挫又跌破50日移动均线，最佳卖空点

宽松残缺的后期带柄杯形底

| 价格 |
| 120 |
| 110 |
| 100 |
| 90 |
| 80 |
| 70 |
| 60 |
| 50 |
| 45 |
| 38 |
| 34 |
| 30 |
| 26 |
| 24 |
| 22 |
| 19 |
| 17 |
| 15 |
| 13 |
| 12 |
| 11 |
| 10 |
| 9 |
| 8 |
| 7 |
| 6 |
| 5 |
| 4.5 |
| 3.8 |

| 成交量 |
| 62,000,000 |
| 40,000,000 |
| 26,000,000 |
| 16,000,000 |

98年12月 99年3月 99年6月 99年9月 99年12月 00年3月 00年6月 00年9月 00年12月 01年3月 01年6月 01年9月

杰科网络公司（Juniper Networks, Inc.）周线图

A-B-C头肩顶

第二周重回50日移动均线的反弹无力

股价放量下挫跌破50日移动均线，最佳卖空点

价格大幅下挫

颈线处太过明显的卖空时机——千万别卖空

价格
300
260
220
190
170
150
130
120
110
100
90
80
70
60
50
45
38
34
30
26
24
22
19
17
15
13
12
11
10
9

成交量
104,000,000
58,000,000
32,000,000
18,000,000

98年12月　99年3月　99年6月　99年9月　99年12月　00年3月　00年6月　00年9月　00年12月　01年3月　01年6月　01年9月

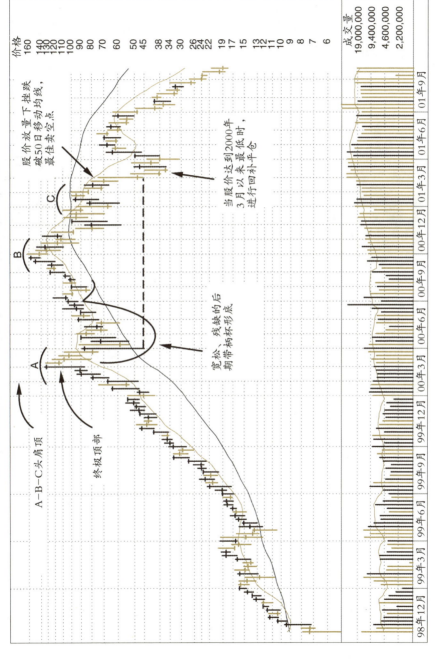

美科利交互公司（Mercury Interactive Corp.）周线图

A-B-C头肩顶

终极顶部

股价放量下挫跌
破50日移动均线，
最佳卖空点

当股价达到2000年
3月以来最低时，
进行回补平仓

宽松、残缺的后
期带柄杯形底

价格
160
140
130
120
110
100
90
80
70
60
50
45
38
34
30
26
24
22
19
17
15
13
12
11
10
9
8
7
6

成交量
19,000,000
9,400,000
4,600,000
2,200,000

98年12月 | 99年3月 | 99年6月 | 99年9月 | 99年12月 | 00年3月 | 00年6月 | 00年9月 | 00年12月 | 01年3月 | 01年6月 | 01年9月

PMC-Sierra公司周线图

终极顶部

股价上冲的尝试，成交量极低

股价试图反弹突破50日移动均线，失败后转而放量下挫，最佳卖空点

第二次卖空时机

第一次跌破先前的低价

宽松、残缺后期带柄杯形底

股价上冲，但成交量几乎为零

价格
260
240
220
190
170
150
130
120
110
100
90
80
70
60
50
45
38
34
30
26
24
22
19
17
15
13
12
11
10
9
8

成交量
66,000,000
42,000,000
26,000,000
16,000,000

98年12月 99年3月 99年6月 99年9月 99年12月 00年3月 00年6月 00年9月 00年12月 01年3月 01年6月 01年9月

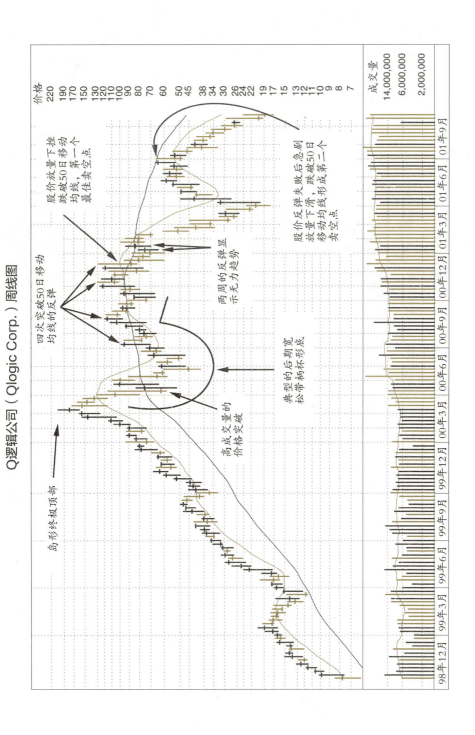

Q逻辑公司（Qlogic Corp.）周线图

岛形终极顶部

四次突破50日移动均线的反弹

股价放量下挫跌破50日移动均线，第一个最佳卖空点

两周的反弹显示无力趋势

高成交量的价格突破

典型的后期松带柄杯形底

股价放量反弹失败后下滑，放量下滑跌破移动均线第二个卖空点

价格
220
190
170
150
130
120
110
100
90
80
70
60
50
45
38
34
30
26
24
22
19
17
15
13
12
11
10
9
8
7

成交量
14,000,000
6,000,000
2,000,000

98年12月　99年3月　99年6月　99年9月　99年12月　00年3月　00年6月　00年9月　00年12月　01年3月　01年6月　01年9月

维瑞塔软件公司（Veritas Software Corp.）周线图

价格
190
170
150
130
120
110
100
90
80
70
60
50
45
38
34
30
26
24
22
19
17
15
13
12
11
10
9
8
7
6

股价在中上成交量水平上反弹失败两周后下滑，最佳卖空点

反弹无力

铁轨形线

终极顶部

后期宽松底部

成交量
82,000,000
50,000,000
30,000,000
18,000,000

98年12月 | 99年3月 | 99年6月 | 99年9月 | 99年12月 | 00年3月 | 00年6月 | 00年9月 | 00年12月 | 01年3月 | 01年6月 | 01年9月

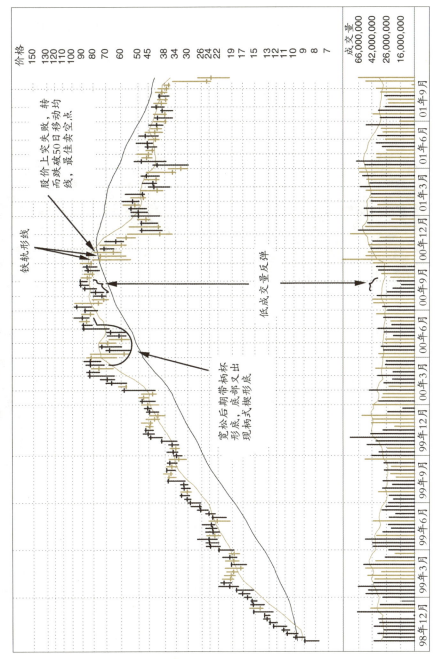

赛灵思公司（Xilinx, Inc.）周线图

价格

150
130
120
110
100
90
80
70
60
50
45
38
34
30
26
24
22
19
17
15
13
12
11
10
9
8
7

股价上突失败，转而跌破50日移动均线，最佳卖空点

铁轨形线

宽松后期带柄杯形底，底部又出现柄式楔形底

低成交量反弹

成交量
66,000,000
42,000,000
26,000,000
16,000,000

98年12月 | 99年3月 | 99年6月 | 99年9月 | 99年12月 | 00年3月 | 00年6月 | 00年9月 | 00年12月 | 01年3月 | 01年6月 | 01年9月

康维科技公司（Comverse Technology, Inc.）周线图

A-B-C头肩顶

终极顶部

上突失败转
而放量下滑

股价放量下挫
跌破50日移动
均线，最佳卖
空点

后期宽松
底部结构

三次重回50日移动均线的反弹
后，股价急剧放量下挫形成第
二次卖空时机

价格
190
170
150
130
120
110
100
90
80
70
60
50
45
38
34
30
26
24
22
19
17
15
13
12
11
10
9

成交量
40,000,000
16,000,000
6,000,000
2,000,000

98年12月 | 99年3月 | 99年6月 | 99年9月 | 99年12月 | 00年3月 | 00年6月 | 00年9月 | 00年12月 | 01年3月 | 01年6月 | 01年9月 | 01年12月

通路公司（Gateway, Inc.）周线图

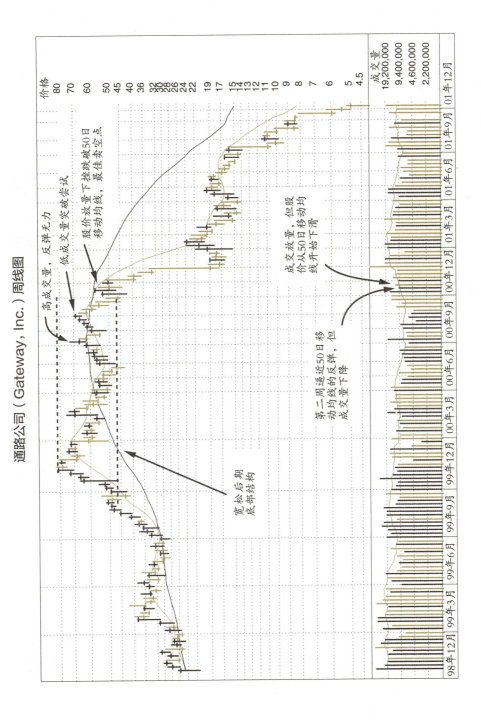

高成交量，反弹无力

低成交量突破尝试

股价放量下挫跌破50日移动均线，最佳卖空点

成交放量，但股价从50日移动均线开始下滑

第二周逼近50日移动均线的反弹，成交量下降

宽松后期底部结构

成交量

纳克斯泰尔通信公司（Nextel Communications, Inc.）周线图

铁轨形态线

股价上突失败是第一次
可能的卖空机会

股价放量反弹无力

股价急剧放量下挫跌破50
日移动均线，最佳卖空点

宽松后期带
柄杯形底部

低成交量上突尝试

价格
90
80
70
60
50
45
38
34
30
26
24
22
19
17
15
13
12
11
10
9
8
7
6
5
4.5
3.8
3.4

成交量
70,000,000
38,000,000
20,000,000

99年6月　99年9月　99年12月　00年3月　00年6月　00年9月　00年12月　01年3月　01年6月　01年9月　01年12月　02年3月

斯普林特PCS集团公司（Sprint PCS Group）周线图

价格
110
100
90
80
70
60
50
45
38
34
30
26
24
22
19
17
15
13
12
11
10
9
8
7
6
5
4.5

股价急剧放量下挫跌破50日移动均线，最佳卖空点

低成交量上攻尝试

后期残缺带拓杯形底

成交量
56,000,000
32,000,000
18,000,000

99年6月 99年9月 99年12月 00年3月 00年6月 00年9月 00年12月 01年3月 01年6月 01年9月 01年12月 02年3月

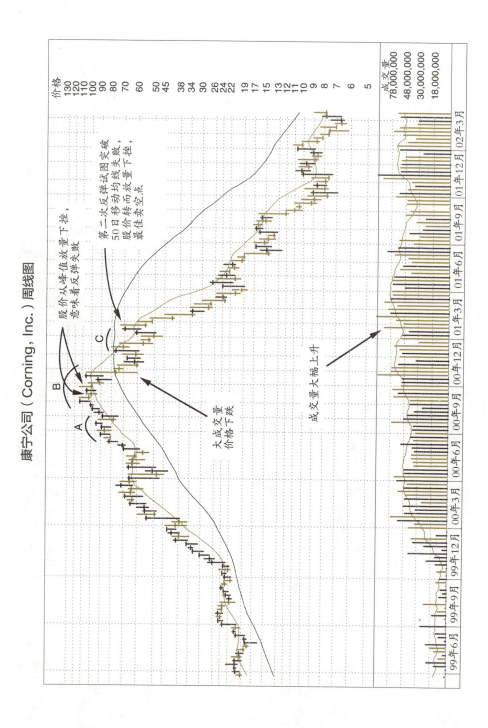

康宁公司（Corning, Inc.）周线图

价格
130
120
110
100
90
80
70
60

50
45

38
34
30

26
24
22

19
17
15
13
12
11
10
9
8
7
6
5

股价从峰值放量下挫，
意味着反弹失败

第一次反弹试图突破
50日移动均线失败，
股价转而放量下挫，
最佳卖空点

B

A

C

大成交量
价格下跌

成交量大幅上升

成交量
78,000,000
48,000,000
30,000,000
18,000,000

99年6月　99年9月　99年12月　00年3月　00年6月　00年9月　00年12月　01年3月　01年6月　01年9月　01年12月　02年3月

讯远公司（Ciena Corp.）周线图

基因酶公司（Genzyme General Corp.）周线图

A−B−C头肩顶

无力的反弹

A

B

C

股价从峰值大幅下滑，
而成交量逐渐增大

三周楔
形反弹

股价跌破
50日移动
均线，成
交量急剧
增大，最
佳卖空点。

价格
170
150
130
120
110
100
90
80
70
60
50
45
38
34
30
26
24
22
19
17
15
13
11
10
9
8
7

成交量
16,000,000
6,000,000
2,000,000

99年12月　00年3月　00年6月　00年9月　00年12月　01年3月　01年6月　01年9月　01年12月　02年3月　02年6月

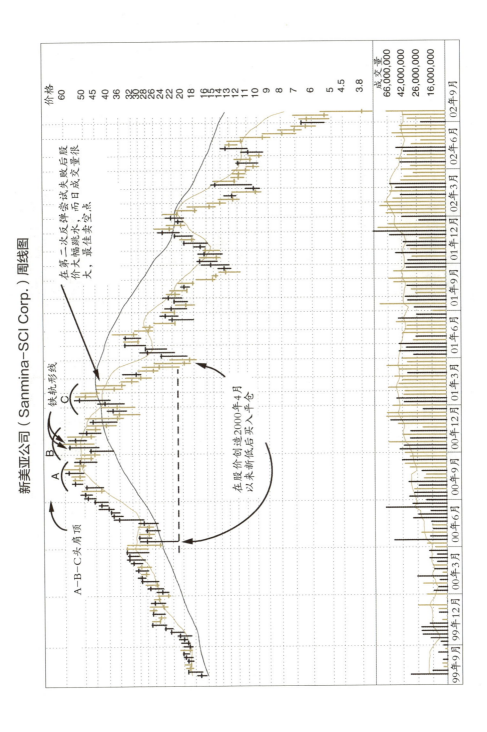

新美亚公司（Sanmina-SCI Corp.）周线图

A-B-C头肩顶

铁轨形线

在第二次反弹尝试失败后股价大幅跳水，而日成交量很大，最佳卖空点

在股价创造2000年4月以来新低后买入平仓

应用微电路公司（Applied Micro Circuits Corp.）周线图

A–B–C头肩顶

三次突破50日移动均线的反弹

股价开始跌破50日移动均线，而
成交量大增，最佳卖空点

股价放
量下挫

宽松后期残缺
带柄杯形底

职业生涯教育公司（Career Education Corp.）周线图

A－B－C头肩顶

高成交量的筑底失败

成交量极低的价格上实

坏消息使股价突然迅速走低，形成大过明显的卖空时机，在以后的四到五周内不成熟的卖空时机吸引投资者入市

股价创四周内的新低后震荡而出

股价震荡调整，在股价达到44美元之间时卖空，以过去三周的最高价格为上限平仓

价格
110
100
90
80
70
60
50
45
38
34
30
26
24
22
19
17
15
13
12
11
10
9

成交量
30,800,000
13,200,000
5,600,000
2,400,000

01年9月 01年12月 02年3月 02年6月 02年9月 02年12月 03年3月 03年6月 03年9月 03年12月 04年3月 04年6月 04年9月

— 189 —

南太电子公司（Nam Tai Electronics，Inc.）周线图

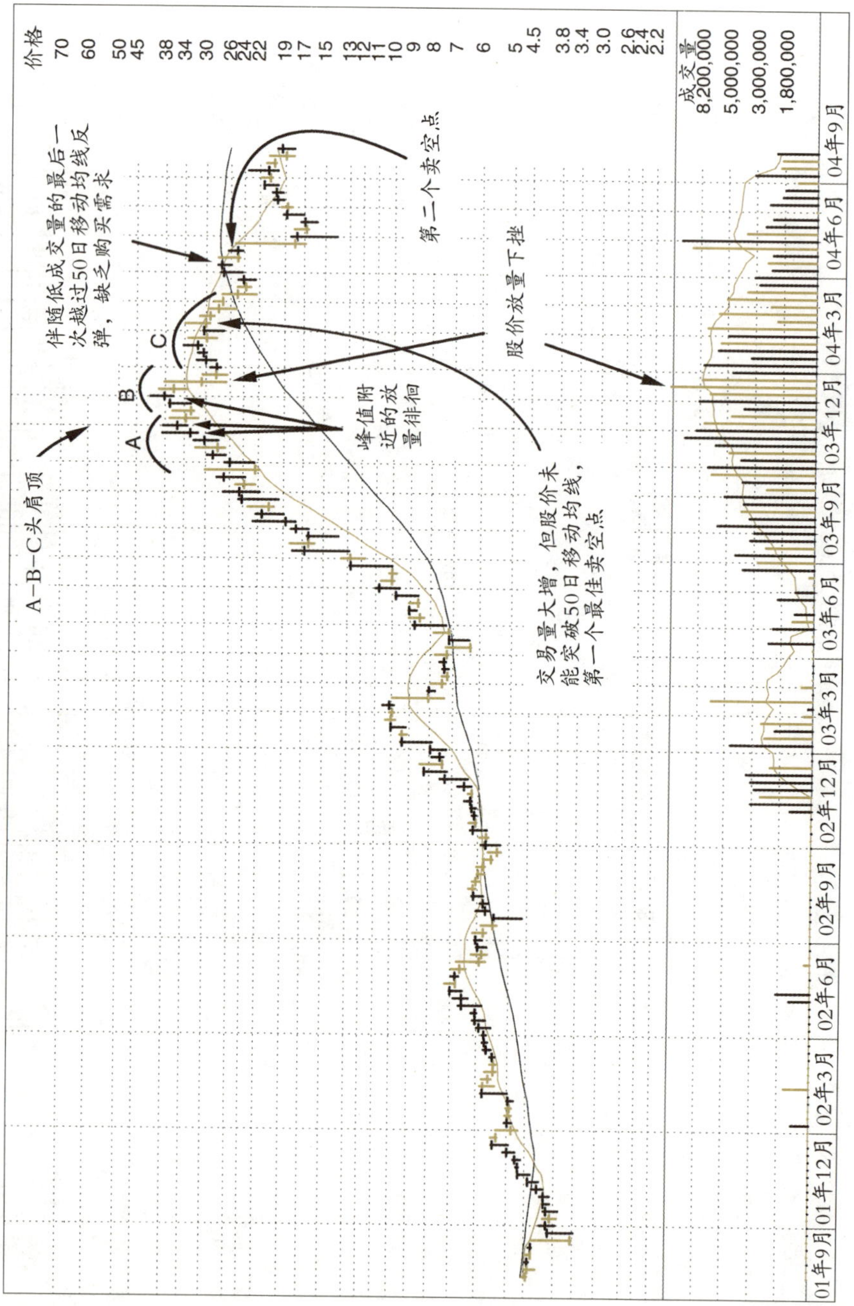

塔卢医药工业有限公司（Taro Pharmaceutical Industries Ltd.）周线图

A－B－C头肩顶

股价放量下挫跌破50日移动均线，最佳卖空点

股价大幅下滑

三周低交易量，反弹无力，需求量缺乏

价格
170
150
130
120
110
100
90
80
70
60
50
45
38
34
30
26
24
22
19
17
15
13
12
11
10

成交量
5,200,000
1,800,000
600,000
200,000

01年9月 01年12月 02年3月 02年6月 02年9月 02年12月 03年3月 03年6月 03年9月 03年12月 04年3月 04年6月 04年9月

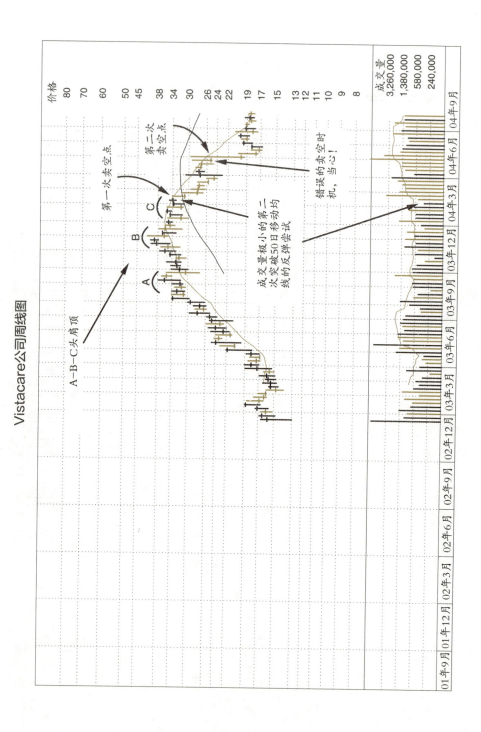

Vistacare公司周线图

A-B-C头肩顶

第一次卖空点

第二次卖空点

成交量极小的第二
次突破50日移动均
线的反弹尝试

错误的卖空时
机，当心！

成交量

3,260,000
1,380,000
580,000
240,000

科林思学院集团公司（Corinthian Colleges, Inc.）周线图

A-B-C头肩顶

三周低交易
量反弹失败

这周交易量大增，但股价
大跌，最佳卖空点，但必
须在股价最接近50日移动
均线的时候卖空

下跌成交量远大于
上涨成交量的几周

成交量
41,600,000
16,600,000
6,600,000
2,600,000

价格
45
38
34
30
26
24
22
19
17
15
13
12
11
10
9
8
7
6
5

01年9月 01年12月 02年3月 02年6月 02年9月 02年12月 03年3月 03年6月 03年9月 03年12月 04年3月 04年6月 04年9月

网易公司美国存托证券（Netease.com, Inc. ADR）周线图

A-B-C头肩顶

最佳卖空点

三次突破50日移动均线的反弹，但第三次反弹的成交量极小，表明需求量缺乏

股价从峰值放量大幅下滑

股价在最后一次反弹突破了50日移动均线，成交量很小

价格
80
70
60
50
45
38
34
30
26
24
22
19
17
15
13
12
11
10
9
8
7
6
5
4.5
3.8
3.4
3.0

成交量
23,200,000
10,600,000
4,800,000
2,200,000

01年12月 | 02年3月 | 02年6月 | 02年9月 | 02年12月 | 03年3月 | 03年6月 | 03年9月 | 03年12月 | 04年3月 | 04年6月 | 04年9月

新浪集团（Sina Corp.）周线图

A-B-C头肩顶

最佳卖空点

C
B
A

股价大幅跌落

在五周无力的反弹中的最后两周只有一次反弹股价突破50日移动均线

价格
50
45
38
34
30
26
24
22
19
17
15
13
12
11
10
9
8
7
6
5
4.5
3.8
3.4
3.0
2.6
2.4
2.2
2.0

成交量
40,000,000
16,000,000
6,000,000
2,000,000

01年12月 02年3月 02年6月 02年9月 02年12月 03年3月 03年6月 03年9月 03年12月 04年3月 04年6月 04年9月

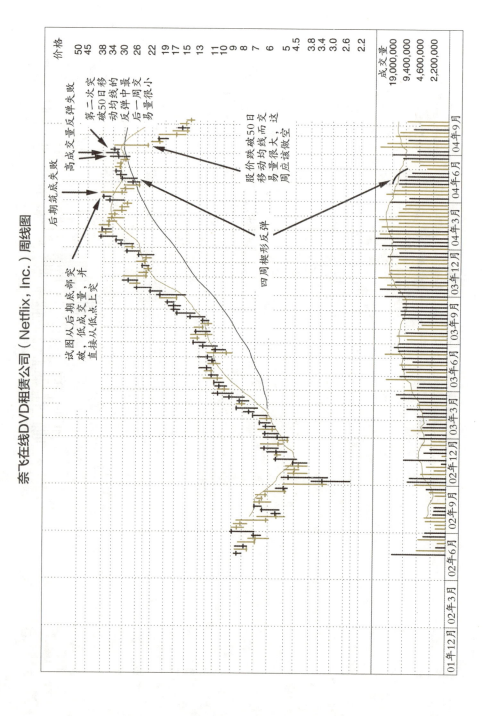

奈飞在线DVD租赁公司（Netflix, Inc.）周线图

脆奶油多纳圈公司（Krispy Kreme Doughnuts, Inc.）周线图

A-B-C头肩顶

四次突破50日移动均线的反弹

最佳卖空点

涨破50日移动均线的低成交量反弹

楔形反弹

股票投资获利必读投资经典

集中投资：巴菲特和
查理·芒格推崇的投资策略
定价：59.00元

穿越周期的专业投机技艺：
投机者经典教程
定价：59.00元

行为投资学手册：投资者如
何避免成为自己最大的敌人
定价：39.00元

利弗莫尔的股票交易方法
定价：38.00元

投机教父尼德霍夫的
股票投机术
定价：59.00元

如何找到100倍回报的股票：
基于365只100倍股的研究成果
定价：59.00元

量价分析：量价分析创始人
威科夫的盘口解读方法
定价：49.00元

量化价值投资：人工智能
算法驱动的理性投资
定价：59.00元

构建量化动量选股系统的
实用指南
定价：59.00元

价值投资之外的巴菲特
定价：67.00元

股票基本面分析清单：
精准研判股价的底部与头部
定价：69.00元

哈里曼股票投资规则
定价：79.00元

投机教父尼德霍夫回忆录：
索罗斯操盘手的自白
定价：79.90元

在股市大崩溃前抛出的人：
传奇投机大师伯纳德·巴
鲁克自传
定价：59.00元

行为金融学：洞察非理性
投资心理和市场
定价：69.00元

现代价值投资的安全边际：
为慎思的投资者而作的25个
避险策略和工具
定价：59.00元

威科夫股票交易与
投资分析
定价：79.00元

量价分析实操指南：创建属于
自己的高品质股票交易系统
定价：69.00元

马丁·茨威格的华尔街制胜
之道：如何判断市场趋势、
选股、择时买卖
定价：59.00元

选股
定价：59.00元

如何通过卖空股票赚钱：获得
财富很简单，只需好方法
定价：59.00元

交易冠军：
一个天才操盘手的自白
定价：39.00元

像格雷厄姆一样读财报：
"股神"巴菲特案头之作
定价：32.00元

cis股票交易术：在股市从23万
赚到13亿元的制胜逻辑
定价：69.90元